Cosima Bellersen Quirini

100 weitere besondere Orte in Celle

Fotos von Ulrich Loeper

Schadinsky Verlag

MIX
Papier aus verantwortungsvollen Quellen
FSC® C004192
FSC
www.fsc.org

Schadinsky-Werbung GmbH & Cie KG
Bahnhofstraße 30, 29221 Celle
www.schadinskyverlag.de

Originalausgabe
Umschlaggestaltung und Layout: Schadinsky Verlag
Fotograf: Ulrich Loeper
Druck und Bindung: Kessler Druck + Medien GmbH & Co. KG
ISBN: 978-3-9812133-7-9
Printed in Germany 2016

Vorwort von Max Zähle – Autor und Regisseur –

„Meine Heimat ist etwas ganz Besonderes" – das sagen wahrscheinlich viele über den Ort ihrer Herkunft. Aber wie besonders Celle, meine Heimatstadt, tatsächlich für mich ist, hat sich mir endgültig bei der Premiere meines Kinofilms SCHROTTEN! in den Celler Kammerlichtspielen eindrucksvoll gezeigt: Ausverkaufte Säle, tausende Menschen, die mit uns, den Filmemachern, den Schauspielern und den Celler Schrotthändlern, deren Lebensgeschichte der Film behandelt, die Premiere des Filmes feierten. Eine unglaubliche Atmosphäre und unfassbare Begeisterung, wie sie wohl nicht überall entstehen kann. Diese Euphorie hatte sich schon bei den Dreharbeiten angedeutet, als mein vierzigköpfiges Filmteam und ich in Celle und Umgebung gedreht haben. Die Stadt und die Menschen hier haben alle Hebel in Bewegung gesetzt, Celle als Filmkulisse in Szene zu setzen. Nicht nur wurden fest installierte Kunstwerke umgesetzt und sämtliche Strassenschilder abmontiert, nein, sogar die Weihnachtsbeleuchtung wurde für einen kompletten Strassenzug abgebaut. Die Altstädter Schützengilde und der Spielmannszug Gemeinschaft Westercelle-Groß Hehlen marschierten einen Drehtag in ihren dünnen Uniformen bei Minusgraden und bildeten so die stimmungsvolle und authentische Untermalung für ein Zusammentreffen zwischen dem Protagonisten und seinem Erzfeind. Und der Celler Recyclingunternehmer und ehemalige reisende Schrotthändler Kalli Struck und seine Familie haben uns einen kompletten Schrottplatz für die Filmaufnahmen aufgebaut. So sehr fühlten wir uns willkommen, dass wir oft noch lange nach Drehschluss bei einem Feierabendbier zusammensaßen und die spezielle Atmosphäre der Stadt genossen. Kein Wunder also, dass so viele aus dem Filmteam keine Mühen scheuten und aus allen Teilen Deutschlands zur Filmpremiere nach Celle kamen!

Aber was genau lässt bei mir dieses Heimatgefühl aufkommen, wenn ich von Hamburg aus über die B3, vorbei an den unendlich weiten Feldern und Wäldern, durch die malerischen Dörfer wie Offen oder Bleckmar mich langsam der Stadt nähere und schließlich in die von wunderschönen Fachwerkhäusern gesäumte Innenstadt eintauche? Die Wurzeln meiner Familie in dieser Stadt reichen tatsächlich schon mehrere Generationen zurück: Mein Ur-Urgroßvater Fritz Meyer hat schon im 19. Jahrhundert die alte Ziegelei in dem kleinen Vorort Bockelskamp gegründet und betrieben, nach der der Ziegeleiweg hinterm Ortseingang benannt ist. Mein Urgroßvater Georg Pahlmann hat 1913 als verantwortlicher Zimmermeister den Dachstuhl der Stadtkirche von Celle gebaut. Ein Bild von ihm und den vielen anderen Zimmermännern,

während des Richtfestes aufgenommen, kann man im Eingang der Kirche bewundern. Auch hängt ein Portrait von Georg als erster in Öl gemalter Hauptkönig der Stadt Celle im Schützenmuseum am Kleinen Plan – dem Platz, an dem wir den großen Showdown des Filmes gedreht haben . „Georg der Liebesreiche“ steht unten auf dem Gemälde – Schützenkönige bekommen in Celle traditionell einen Spitznamen gemäß persönlicher Attribute.
Mein zweiter Urgroßvater Karl Zähle betrieb ein Baugeschäft in der Westcellertorstrasse, das mein Vater in dritter Generation weiterführte. Wenn man sich also die lange Tradition meiner Familie in dieser Stadt anschaut, ist es wohl fast schon kein Wunder, dass meine Mutter aus dem slovenischen Celje sich vor fünfzig Jahren in einen Herrn Zähle aus Celle verliebte und beide heute wie damals vor den Toren der Stadt wohnen. Hierhin, zu den Orten meiner Kindheit, komme ich noch immer wahnsinnig gerne zurück. Einmal im Jahr und seit fast schon zwanzig Jahren treffe ich zum Beispiel meine alten Schulfeunde, obwohl mittlerweile auf der ganzen Welt verstreut, für eine gemeinsame Fahrradtour – wir starten an unserer alten Schule, dem Gymnasium Ernestinum, von dort aus über Altencelle den Fahrradweg die Aller entlang bis nach Osterloh, wo man nach einem kurzen Stopp am Baggersee schließlich hinter der Osterloher Landstrasse an der alten Allerschleuse den Tag ausklingen lässt. Daran wird sich vermutlich auch in den nächsten zwanzig Jahren nichts ändern. Ich erinnere mich an so viele prägende und schöne Dinge aus meiner Kindheit und Jugend – Fußball spielen mit dem SV Altencelle, Scheunenparties in Wienhausen, Pferdetouren durch Hustedt, die Schloßbergparties vor dem Celler Schloß mit tausenden Schülern aller Celler Schulen, Schnitzeljagden in den verwunschenen Hügeln des alten Burgwalls in Altencelle, Konzerte und Kunstveranstaltungen in der CD Kaserne oder das Café Rio's, in dem ich mich damals wie heute noch gerne mit Freunden treffe – ein großartiger, liebevoll geführter Ort, an dem wir auch nach der Filmvorführung lange gefeiert haben. Ich könnte noch unendlich viele Erinnerungen, die mich mit dieser Stadt verbinden, aufzählen – Segelfliegen mit meinem Vater in Oppershausen, Schlittschuhfahren auf den zugefrorenen Dammaschwiesen, die Handpizzen in der Innenstadt und so weiter und so weiter – man merkt, dass ich ein großer Fan dieser Stadt bin. Und vor allem zeigt sich, dass Heimat eben nicht nur der Ort, sondern vielmehr das Gefühl ist, das einen mit dem Ort und vor allem mit den Menschen verbindet.
Und darum freue ich mich, dass sich dieses Buch so vielen wunderschönen und einzigartigen Orten widmet mit denen ich selber so viel verbinde und hoffe, dass es die Leser meinem Filmteam gleich tun und alle Hebel in Bewegung setzen, um Celle neu oder wieder zu entdecken und dem Zauber dieser Stadt verfallen.
Mit ein wenig Heimweh aus der Ferne wünscht Ihnen viel Spaß beim Lesen

Max Zähle

Vorwort der Autorin

„Eine Stadt wie Samt und Seide, malerisch und farbenfroh, Kleinod zwischen Wald und Heide von geschichtlichem Niveau…“
So beginnt ein Gedicht, welches dem einstigen Celler Verleger Georg Pfingsten zugeschrieben wird. Der Text geht natürlich noch weiter, doch es ist auch so nicht allzu schwer zu erahnen, dass der Mann recht wohlwollend über die Stadt an der Aller dachte – wie viele weitere seiner Zeitgenossen auch. Und noch heute stimmen viele gern in sein Loblied mit ein – wie beispielsweise der Musiker und Autor Wigald Boning mit seiner Städte-Hymne „Celle mit C“, mit der er im NDR-Wettbewerb der Sendung „DAS!“ zum Thema „Fünf Städte, fünf Hymnen“ 2013 den zweiten Platz belegte.
Vieles ist ist hier wie seit eh und je. Einwohner beispielsweise, die, je nach Auslegung, zwei oder drei Generationen auf dem Friedhof liegen haben, dürfen sich Cellenser nennen, die anderen sind nur Celler. Eine Taufe im Schlossgraben soll aber, so wird gemunkelt, den Aufstieg neuerdings möglich machen. Für etliche Besucher und Bewohner – mit welchem Prädikat auch immer sie sich schmücken dürfen – ist die Stadt, sie zählt übrigens zum Verbund der sorgsam ausgewählten 9+1-Orte in Niedersachsen, das Rothenburg des Nordens oder wenigstens das Südtor zur Lüneburger Heide. Doch wie man die kleine Residenzstadt auch umschreiben mag, sie hat was, und zwar etwas, was viele andere Städte hierzulande nicht unbedingt haben! Einen Titel beispielsweise. Den bekam sie im September 2014 durch die Zeitschrift Geo verliehen, als diese Celle neben Freiburg, Trier, Wismar und weiteren sechs Orten in die Top Ten der schönsten Städte Deutschlands gewählt hat. Das ist ein Ritterschlag der feinsten Art und lässt hoffentlich all’ jene Stimmen verstummen, welche die Stadt längst dem sicheren Untergang geweiht haben. Und es geht noch mehr! Das Celler Schloss wurde von NDR-Zuschauern 2013 nach Schloss Gamehl bei Wismar und dem Wolfenbütteler Schloss zum drittschönsten in Norddeutschland gekürt. Celle, für seine Fachwerkbauten berühmt, zählt zudem zu den 39 Orten mit weniger als 80.000 Einwohnern in Deutschland, die das Internetportal Hotel.de 2015 als l(i)ebenswerteste Orte nominiert hat – es belegt Rang Acht! Das ist doch ein passables Ergebnis!
Bei der Aktion 2016 „ffn – Der Norden von oben“ haben sich 386 Dörfer, Gemeinden und Städte beworben, um ihren Ort mal aus ganz anderer Perspektive zu entdecken. Sie alle mussten beim ffn-Voting möglichst viele Stimmen sammeln, um zu gewinnen: Die TOP 25 der Orte hat ein Drohnen-Video gewonnen. Celle ist dabei! Hier ist der Film zu sehen: www.ffn.de/on-air/aktionen/norden-von-oben/.
Selbst die deutschen Vertretungen in den USA informieren auf ihrer Homepage unter #GermanTownTuesday und damit zugleich auf Kanälen wie Facebook, Twitter und Instagram über Celle. Sie rühren damit im Land kräftig die Werbetrommel für die kleine welfische Residenzstadt. Die Macher erreichen mit ihrer Idee „followers will learn about a small German city that’s worth

exploring“ zigtausend Menschen, wenn stets dienstags die deutschen Städte vorgestellt werden. Celle ist seit dem 10. Mai 2016 online, zum Beispiel unter: https://twitter.com/GermanyinUSA.
1988 wurde übrigens eine Boing Typ 737-330 der Lufthansa nach Celle benannt, 2008 ein ICE des Typs 361. Und der 1986 entdeckte Asteroid mit der Nummer 3782 trägt ebenfalls den Namen der Stadt – das ist doch mal was!
Von alledem abgesehen, hat Celle eine eigene „Währung“, den Celler City-Gutschein, in verschiedenen Noten, mit denen in fast 100 Geschäften und Gaststätten aller Art bezahlt werden kann.
Und dass Celle übrigens immer wieder zur Filmkulisse taugt, hat gerade der Celler Regisseur Max Zähle (siehe auch sein Vorwort) mit seinem Film „Schrotten“ bewiesen, eine Hommage an seine Heimat und die Wärme der Menschen hier ...
Last but noch least: Zur Expo 2000 haben zwei Küchenmeister das „Celler Kräuterbündel“ kreiert, bestehend aus Sauerampfer, Pimpinelle, Borretsch, Schnittlauch, Bärlauch und Schalotten sowie glatte Petersilie und Kerbel. Nach einem Aufruf in der Tageszeitung machten sich weitere GastronomInnen wie BewohnerInnen daran, Gerichte dazu zu entwickeln – vom Süppchen und feinen Brot bis zur Bratwurst. Je nach Jahreszeit ist das Bündel seitdem beim Gemüsehändler oder auf dem Wochenmarkt erhältlich – und auf mancher Restaurantkarte sind noch immer damit gezauberte Gerichte zu finden.
Doch trotz guter Küche allerorts hier, haben es die Einwohner nicht immer einfach mit ihrer Stadt und es gibt so einiges, was endlich angepackt werden müsste – ob es die stetig steigende Altersstruktur der Einwohnerschaft ist, die weitere Aufarbeitung der NS-Zeit, viele Leerstände in der Innenstadt oder so manch' fragwürdige Entscheidung im Rat. Doch schließlich hat fast jeder Ort auf der Welt auf seine eigene Weise ein Päckchen zu tragen – manche mehr, andere weniger. Irgendein Care-Paket ist überall und immerzu zu schnüren, um den Anforderungen der Zeit gerecht zu werden.
Die Einwohner in jedweder Form zufriedenstellen und für Gäste den Ort attraktiv machen – das ist und bleiben die vorrangigen Aufgaben für Celle. Fakt jedoch ist: Hier fehlen Industrie, Jugend und Wissenschaft. Einige weitere größere Firmen und universitäres Leben würden der alten Stadt gewiss nicht schaden – und moderne, junge Urbanität zwischen all' den Fachwerkmauern könnte dem Ort durchaus guttun.
Aber man kann eben nicht alles haben. Dafür ist Celle wegen seiner zahlreichen Erdölunternehmen als „Little Houston“ fast rund um den Globus bekannt, es ist eines der wichtigsten Zentren für oberflächennahe Tiefbohrtechnologie weltweit. Hier ist Barilla (Knäckebrot, Nudeln) zuhause, ebenso die größte Orchideenzucht Deutschlands, das Welfenschloss, ein weltbekanntes Landgestüt, eine spannende Historie – und wunderschöne Landschaft rings herum rundet alles zauberhaft ab. Niemand hindert uns daran, genau daraus das Beste zu machen! Dazu zählt beispielsweise auch, mal vor

Ort Schönes, Spannendes und Interessantes zu erkunden – es muss ja nicht immer nur die Toskana, die Malediven oder Florida sein, wo wir uns heutzutage teils besser auskennen als vor der eigenen Haustür! Zu entdecken gibt es hier genug, man muss es nur finden!
Für Ihre künftigen Touren habe ich dieses Buch geschrieben, der Celler Fotograf Ulrich Loeper hat sich für Sie – wie bereits für die anderen Bände der Reihe „100 besondere Orte" – wieder aufgemacht, um Ihnen die begleitenden Fotos mit auf den Weg zu geben!

Viel Spaß beim Erforschen von Celle wünscht Ihnen

Cosima Bellersen Quirini

PS: Auch bei diesem Band fiel die Auswahl der Orte sehr schwer! Obwohl nun bereits 200 besondere Orte beschrieben, gibt es in Celle noch viele weitere! Der Titel gebietet nur eine begrenzte Auswahl – und die Aussicht auf weitere Bände.

Ortsübersicht

1 Die Fürstengruft in der Stadtkirche

Wo die Celler „Royals“ ruhen

Celle ist eine Welfenstadt – und ein Ort, an dem einige VetreterInnen des ältesten Adelsgeschlechts Deutschlands in den letzen Jahrhunderten auch ihre letzte Ruhe gefunden haben. Die Fürstengruft geht auf Wilhelm den Jüngeren, Herzog zu Braunschweig-Lüneburg und Fürst von Lüneburg (1535–1592) zurück. Er ließ 1576 die Gruft der Celler Herzöge in der Stadtkirche Sankt Marien anlegen. Siebzehn Familienmitglieder ruhen hier, weitere sind unter dem Chor beigesetzt, wie auch Wilhelms Vater „Ernst der Bekenner“, der in Celle noch immer beinah omnipräsent ist, vielfache Stadtgeschichte schrieb und hier einst die Reformation durchsetzte. Zu sehen sind teils prächtig ausgestattete Särge, zudem drei Kindersärge für die Schwestern des letzten Celler Herzogs Georg Wilhelm. Er selbst hat in einem Sarg der Hannoverschen Hofgoldschmiede Hornung und Hölling seine letzte Ruhe gefunden, sein Herz liegt getrennt in einem einfachen Zinkkasten. Nach seinem Tod 1705 fanden auch seine Gattin Élénore sowie zwei in Ungnade gefallene Prinzessinnen hier ihre letze Ruhe – ihre gemeinsame Tochter Sophie Dorothea sowie ihre Ururenkelin Caroline Mathilde. Beider Frauen Unglück ging einst um die Welt, fand Einlass in Kunst und Literatur und dient noch heute als Film- und Theaterstoff. Mit dem Cousin und späteren britischen König Georg I. unglücklich verheiratet, begann Sophie eine leidenschaftliche Affäre mit einem jungen Grafen. Nachdem die Liaison ruchbar geworden war, wurde der junge Graf auf Nimmerwiedersehen beseitigt, die Kurprinzessin schuldig geschieden und aufs Land verbannt. Ihre Kinder Georg II. und Sophie Dorothea, damals elf und sieben Jahre alt, durfte sie nie wieder sehen. Sie ging als die „unglückliche Prinzessin“ in die Annalen der Welfen- und Weltgeschichte ein. 1727 wurde Sophie Dorothea in der Gruft bestattet und man munkelt hier gern, dass Celle durch Intervention des britischen Königshauses vor Bombardements im Zweiten Weltkrieg weitestgehend verschont blieb – gilt sie doch als „Urmutter“ vieler europäischer Herrscher. Doch diese Geschichte gehört in den Bereich der Legenden. Fakt ist: Der damalige Befehlshaber des amerikanische Geschwaders, welches Celle unter Bombenbeschluss nehmen sollte, verweigerte sich diesem Auftrag.

Auch Sophie Dorotheas Urenkelin, die englische Prinzessin und spätere Königin von Dänemark und Norwegen, Caroline Mathilde, fand in der Fürstengruft ihre letzte Ruhestätte – ihr wurde ebenfalls eine Affäre zum Verhängnis. Sie ließ sich mit dem Armenarzt und zugleich Vertrauten ihres kranken Mannes, König Christian VII., Johann Struensee, ein. Im Juli 1771 brachte Caroline nach dem Thronfolger Friedrich VI. (1768) ihre Tochter Louise Augusta zur Welt, vermutlich war Struensee der leibliche Vater. Die Menage à trois hätte wohl mit Duldung des Königs weiter funktioniert, wäre Struensee, längst Minister, nicht so eifrig in Sachen Aufklärung gewesen – für den Adel Dänemarks damals eine Bedrohung. Komplotte wurden geschmiedet, der Arzt hingerichtet und die einundzwanzigjährige Caroline ohne ihre Kinder nach Celle verbannt. 1775, drei Jahre später, grassierte das „Frieselfieber“ (einst wurde jede Art von fieberhafter Erkrankung mit Ausschlag so genannt). Caroline steckte sich an und starb. Ihr Sohn hob später die Leibeigenschaft in Dänemark auf.

gruft in de

Standort und Navigation: Celle, Stechbahn
Öffnungszeiten der Gruft mittwochs und donnerstags um 16:00 Uhr

2 Das Celler Aller-Schwimmen

Nasskaltes Vergnügen

Die Aller hat zwei Grad. Höchstens. Die Luft ist schneidend kalt. Es dämmert. Fantasien über ein warmes Kaminfeuer oder den Strand von Sansibar erwachen in den bibbernden Gemütern. Doch wenn an einem der Spätsamstagnachmittage im Februar die Celler sowie zahlreiche Gäste, die letzten Jahre waren 3000 Zuschauer dabei, statt sich am heimischen Ofen zu wärmen oder in die Sonne zu fliegen, in Scharen freiwillig am „Hausfluss" Aller sammeln, hat das einen besonderen Grund: Es ist der Tag des Aller-Winterschwimmens über knapp neun Stromkilometer von Altencelle zur Stadtmitte.
Dieses ist das älteste seiner Art in ganz Deutschland und entstand im Jahre 1966 aus der Idee der damaligen Tauchertruppe, ein Wintertraining abzuhalten, und dabei gleichzeitig neue Ausrüstungsteile wie Taucheranzüge zu prüfen. Etwa zwölf Mitglieder stiegen seinerzeit in den Fluss und schwammen stromabwärts bis zum Vereinsheim im Celler Hafen. Zunächst trainierten nur Mitglieder der DLRG Ortsgruppe Celle e. V. im eiskalten Allerwasser. Bald stiegen auch Mitglieder der örtlichen Feuerwehr in den Fluss, dann Angehörige des britischen Militärs und schließlich kamen die Celler Bürger dazu, die sich in Taucherclubs zusammengeschlossen hatten. Eine Tradition war geboren. Seitdem ist die Aller an besagtem Tag besonderer Schauplatz. Zunächst kann man die vielen verschiedenen Verkleidungen und „Wasservehikel" aller Art bewundern, später, etwa ab Höhe „Thaers Garten" (s. Kap. 49), wo dann Fackeln ausgegeben werden, auch das wunderschöne Lichtermeer.
Seit dem ersten Schwimmen hat sich die Teilnehmerzahl ständig erhöht, mittlerweile kommen in der Regel 200 bis etwa 300 aktive und unerschütterliche Wasserratten zusammen, die sich ganz und gar freiwillig in die kalten Fluten stürzen. Willkommen ist jedermann und jedefrau zwischen 16 und 99, Voraussetzung dafür ist jedoch ein Tauchneopren-Anzug mit mindestens sieben Millimeter Stärke, Verzicht auf Alkohol vor und während der gesamten Veranstaltung und die Anmeldung zum Schwimmen bei der DLRG Ortsgruppe Celle e. V. – bei Minderjährigen wird die Unterschrift der Eltern, welche die Teilnahme erlaubt, verlangt.
Doch nicht nur die Celler machen mit! Tauchergruppen aus ganz Deutschland und sogar aus dem Ausland schwimmen mittlerweile mit. Für Tausende von Zuschauern an, auf und um die Aller herum ist das jedes Jahr ein eindrucksvolles Spektakel. Das Warten bei oft nasskaltem Wetter oder eisiger Kälte auf die Teilnehmer, die ja eine relativ große Strecke zurücklegen müssen, wird dem Publikum mit Rahmenprogramm, Musik, warmen Getränken und einigen Kuchen- und Imbissständen erleichtert. Dabei fließt schon mal ordentlich Grog oder Punsch die eine oder andere ausgekühlte Kehle hinab. Die Begrüßung der Schwimmer, die dann schließlich an der „Pfennigbrücke" erschöpft aus dem Wasser steigen, fällt dafür umso jubelnder aus! Bislang musste das Allerschwimmen übrigens seit 1966 nur dreimal wegen Eis und Schnee abgesagt werden.

Standorte und Navigationen: Celle, Dammaschwiese
Parken: Celle, Schützenplatz
Terminauskünfte: Touristinformation 0 51 41 - 12 12
Infos: celle.dlrg.de/termine-u-veranstaltungen/allerschwimmen.html

3 Die geheimen unterirdischen Gänge

Mären und Tatsachen

Gibt es sie oder gibt es sie nicht?
Angeblich soll es in der Altstadt Celles einige unterirdische Gänge geben, wie beispielsweise vom Schloss bis weit außerhalb der alten Stadtmauern, jedenfalls sicher einen bis zur Stadtkirche Sankt Marien ...
Im Laufe der vielen Jahre seit Stadtgründung, sind viele Geschichten zu den geheimen Gängen unterhalb Celles verbreitet worden, die Existenz derselben wird bis heute in der Stadt kolportiert. Aber zu hundert Prozent sicher ist sich da niemand. Klar, einige gibt es, aber waren sie auch geheim? Der „Rote Gang" führte von der einstigen Vorburg des Schlosses zu einem Treppenturm und direkt weiter in die Fürstenloge der Stadtkirche. Ein weiterer vom Schloss bis zum Kloster in Wienhausen, und angeblich, so heißt es, sei darin ein zum Tode Verurteilter auf der Flucht umgekommen – auf dem Weg unterhalb der Aller dahingerafft. An der Nordseite der Zöllnerstaße entlang, liegt der Gang zum ehemaligen Franziskanerkloster „Am Heiligen Kreuz" verborgen.
Und was ist nun tatsächlich belegt und Wirklichkeit? Fakt ist, es gibt Gänge. Die neuere Forschung vermutet dahinter jedoch leider nur profane Kanalisations- und Verbindungsgänge in Kellern von Haus zu Haus oder kaum einen Meter hohe Wirtschaftswege. Diese Gänge sind auch noch teils sicht- oder manche sogar auch begehbar. Die Gänge vom „Großer Plan" zum Stadtgraben im „Südwall" zum Beispiel, von der Schuhstraße zum Stadtgraben, sowie ein dritter unterhalb des Schlosses, der einst für die herzogliche Toilettenspülung im Schloss diente. Dieser führte wohl vom Schlosspark zum „Magnusgraben" im Park „Französischer Garten" bis etwa zur Höhe des heutigen Parkhauses in der Bergstraße. Auch unter dem Kaufhaus Karstadt sind einige Keller mit Verbindungsgängen vorhanden, wie der Gang von der Straße „Am Heiligen Kreuz" zur Mauernstaße (unterbrochen). Und wahrscheinlich gab es auch mal eine Verbindung zwischen der „Stechbahn" und der „Runde Straße" und sicherlich viele weitere mehr.
Wenn Sie gerne mal einen Blick hinein werfen wollen, suchen Sie sich dafür eine geeignete Stelle und steigen Sie, wenn nicht gerade ein Platzregen herab regnet, hinein und waten Sie die Gräben entlang – es bieten sich dafür vielleicht wasserdichte Gummistiefel und Taschenlampe an. Mit etwas Glück finden Sie etwa in Höhe eines Hauses im Südwall den Eingang eines Ganges. Oder suchen Sie im Schlosspark die Verbindung Richtung „Neumarkt" – man soll nach einigen Metern bei der Café-Bar „Rio's" (s. Kap. 92) rauskommen. Auch wenn es letztlich nur noch Teile alter Kanalisationsgänge sind und die meist nicht allzu weit in die Tiefe führen – der Fantasie wird dabei allemal Rechnung getragen. Stellen Sie sich doch einfach vor, es wären wirklich Geheimgänge, die bis ins Innerste des Schlosses und vielleicht direkt in das Schlafgemach des Herzogs führen oder jedenfalls bis zu den Fackeln tragenden Wachen, welche die geheime Tür von der anderen Seite Tag und Nacht streng bewachen. Denken Sie sich einfach, es sei beispielsweise der Gang, südwärts nach Wienhausen ... Und eines finden Sie in den geheimen Gängen Celles ganz bestimmt: jede Menge Staub, Fledermäuse und Spinnen!

Standort und Navigationen: Celle, Französischer Garten Höhe Südwall 23 a–24 Schlosspark Nordseite Mühlenstraße

4 Mit historischen Gespannen unterwegs

Fahrsport meets Fashion

Elegant gekleidete Herren und – im wahrsten Sinne des Wortes – behütete Damen fahren in prächtigen Kutschen, die von ebenso prächtigen Warm- wie Kaltblütern, von Altoldenburgern, Lipizzanern bis Hannoveranern gezogen werden. Eine royale Kulisse, edle Hunde, livrierte Dienerschaft, dezente Musik, englischer Touch, dazu herrliches Wetter und ein begeistert jubelndes Fußvolk – alles zusammen vermittelt das Gefühl einer Zeitreise in eine Welt, die es so kaum wirklich mehr gibt. Außer in Celle, wenn einmal jährlich Stadt und Landgestüt zum CIAT rufen, dem „Concours International d' Attelage de Tradition", einem ganz besonderen Fahrturnier mit historischen Anspannungen.

Celle ist einer der wichtigsten Austragungsorte des Turniers und war schon mehrfach Gastgeber. Dieser Fahrsport, eine spezielle Form des Pferdesports mit Kutschen und Wagen, beginnt mit einer Präsentation aller TeilnehmerInnen. Dabei tummeln sich Menschen aus mehreren Nationen, man hört sie französisch, flämisch, englisch, polnisch, norwegisch oder dänisch sprechen und die Vorstellung und Erläuterung der Equipagen ist eine ungewöhnliche Parade! Eine Vielzahl von Ein- und Mehrspännern wird dabei vorgestellt, allesamt einzigartige Unikate aus der Zeit vor 1945, die sich wirklich sehen lassen können – mit Namen wie Phaeton, Jagdwagen, Mail Coach, Tandem Cart, Wagonette, Stadtwagen, Stanhope Gig, Dray, Random, Dog Cart, Dos a Dos, Break, Rollwagen ...

Aber es geht beim CIAT um mehr als nur hübsch und oldtimermäßig aussehen! Bei dieser optischen Vorstellung soll zunächst die Harmonie des Gesamtbildes, bestehend aus Menschen, Pferden, Geschirr und Wagen gezeigt werden. Da spielen die Farben ebenso eine Rolle bei der Bewertung, wie Kleidung oder Originalität (Kopien werden geringer bewertet) und Erhaltungszustand von Geschirr und Wagen. Beispielsweise ist die Kopfbedeckung ein Indiz für Harmonie oder eben nicht: Den farblich passenden Zylinder – wie etwa in Grau – zu tragen, ist nur für den lenkenden Besitzer selbst angemessen und auch nur für die englische Anspannung. Bei der Landanspannung ist beispielsweise dann Tweed angesagt, schicker Country Look eben ...

Der nächste Teil der Prüfung ist das Herz des CIAT und Zeigen wahren Könnens: Optik ist ja eine Sache, das Beherrschen der historischen Gespanne eine andere. Es folgt daher die fünfzehn Kilometer lange Geländefahrt – inklusive fünf Gehorsamsübungen an verschiedenen Stationen, wie etwa das Spurfahren oder einhändig mit einem Sektglas in der Hand lenken. Die Fahrt geht früh morgens von Celle bis Bennebostel – bei durchschnittlich 13 km/h. Retour geht's am Neuen Rathaus vorbei durch den Französischen Garten zum Landgestüt. Hier steht der letzte Teil der Prüfung an, das möglichst schnelle Hindernisfahren, auch Kegelfahren genannt. Hier müssen die TeilnehmerInnen auf dem Paradeplatz einen Parcours mit Toren aus Kegeln durchfahren. Die Kunst des Gespannfahrens mit historischen Equipagen pflegen und genießen und dabei eine besonders reizvolle Kultur vor dem Vergessen bewahren, ist das Anliegen und die Aufgabe der TeilnehmerInnen und Macher des CIAT gleichermaßen. Sie stehen damit nicht alleine da. Seit einigen Jahren zählt die Sportart zum UNESCO-Weltkulturerbe.

Weitere Infos: www.ciat-celle.com

5 Die barocke Decke am Neumarkt

Ein kaum bekannter Schatz

1909 als neu erbautes Kreissparkassen-Gebäude im neubarocken Stil eröffnet, wird das Gebäude am Neumarkt heute zusammen mit weiteren zugehörigen Häusern als Dienstleistung- und Verwaltungshaus genutzt. Vielen älteren BürgerInnen der Stadt ist das Gebäude noch als britisches NAAFI-Zentrum (Navy, Army and Air Force Institutes) bekannt, welches hier einst untergebracht war. Doch was kaum jemand weiß: Darin ist auch eine Stuckdecke mit gemaltem Deckenspiegel eingebaut. Sie gehörte einst zu einem Fachwerkbau (Baujahr um 1590) in der Innenstadt, welcher im Laufe der Zeit diverse Nutzungen erfuhr, unter anderem als Kommandantenhaus, Feldlazarett, Schule, Waisenhaus, Heim des Dichters Ludwig Hölty und von 1865 bis 1909 auch als Sitz der Spar- und Leihkasse des Kreises Celle. Das erklärt möglicherweise, weshalb die Decke, datiert zwischen 1670 und 1700, im alten Fachwerkbau abgenommen und in das neue Gebäude transloziert wurde, wo sie zunächst das Vorstandszimmer zierte und noch heute – in der darin ansässigen Apotheke – zu sehen ist.

Das Plafondgemälde zeigt „Der Engel des Lichts führt einen Entschlafenen gen Himmel“ und wird Giuseppe Ar(i)ghini, Maler und Architekt aus Brescia, zugeschrieben, der ab 1673 bis 1700 unter anderem Leiter der Umbau- und Ausstattungsmaßnahmen im Celler Schloss, vornehmlich des „Theaterflügels“ und der Logen, war. Ein Deckengemälde mit ähnlicher „Handschrift“ ist in einem der Räume, welche die Deutsche Management Akademie im Celler Schloss gemietet hat, ebenfalls noch zu finden.

Der umfassende Stuck aus Putten, Blumen, Blättern und Muscheln indes stammt von Giovanni Battista Tornielli, einem Stuckateur aus Oberitalien, wohl Venedig, der vom Celler Herzog Georg Wilhelm einst in die Residenzstadt berufen worden war. Der Künstler war in den Jahren von 1670 bis 1681 mit längeren Unterbrechungen immer wieder in Celle tätig und zunächst am Schloss beschäftigt, worin er mehrere Prunkgemächer mit Stuckdecken, Supraporten (über Türen angebrachte Gemälde oder Reliefs) und Kamine ausdekorierte. Zu seinen Arbeiten zählen auch die Stuckarbeiten in der Stadtkirche Sankt Marien, die er zusammen mit weiteren Kollegen anfertigte – auf einer Lohnabrechnung, welche er mit Unterschrift und Siegel (mit seinem Künstlerzeichen, Herz um die Initialen G.B.T.) gegenzeichnete, nachzulesen. Insgesamt erhielt er für diese Arbeiten in Celle etwa 6200 Taler, umgerechnet dürften das circa 670.000 Euro sein. Ebenso konnten er und die Kollegen kostenfrei wohnen. Dem Künstler des italienischen Hochbarock eilte durch diese Arbeiten ein exzellenter Ruf voraus. 1682 unterzeichnete er einen Vertrag zur Ausgestaltung der Innenräume des später zerstörten und wieder aufgebauten Stadtschlosses in Potsdam, ebenso für das Junkerhaus in Frankfurt/Oder, zu jenem Zeitpunkt im Besitz des großen Kurfürsten Wilhelm von Brandenburg und heute Stadtmuseum. Auch Stuckarbeiten im einstigen Schloss Schwedt an der Oder sind dem „Maestro Stuccatore Tornielli“ zuzuschreiben. Ar(i)ghini und Tornielli sind weitestgehend vergessen, doch in Celle sind ihre Arbeiten noch wunderbar zu sehen. Auch am Neumarkt.

Standort und Navigation: Apotheke am Neumarkt, Celle, Neumarkt

6 Das Institut für Tierschutz und Tierhaltung

Forschung auf hohem Niveau

Etwa 83.000 Quadratmeter zählen zum Institut für Tierschutz und Tierhaltung in Celle, doch nur wenige nehmen Notiz von dem Forschungszentrum im Stadtteil Hehlentor. Es gehört zum 1910 gegründeten Friedrich-Loeffler-Institut, dem Bundesforschungs-institut für Tiergesundheit. Dieses gilt als älteste virologische Forschungsstätte der Welt und ist Bundesoberbehörde des Bundesministeriums für Ernährung und Landwirtschaft mit seinem Hauptsitz auf der Insel Riems (für die Öffentlichkeit gesperrt), einer Enklave im Südwesten des Greifswalder Boddens beheimatet. In Celle obliegt etwa 15 wissenschaftlichen MitarbeiterInnen verschiedenerer Fachrichtungen wie Agrarwissenschaftlern, Biologen, Tiermedizinern, Nutztierwissenschaftlern und deren jeweiligen Doktoranden, die Aufgabe der unvoreingenommenen Erforschung, Bewertung und Entwicklung tiergerechter Verfahren bei Berücksichtigung von Konflikten zwischen Ökonomie, Tier- und Umweltschutz. Dazu zählen etwa Untersuchungen zu Ansprüchen von Nutztieren an ihre Haltungsumwelt, Platzbedarf und Futtergabe, die Entwicklung von Methoden zur Bewertung von Tiergerechtheit, Untersuchungen zur Verbesserung von tierschutzgerechten (frei von Schmerz und Leid) Transporten und Schlachtmethoden von Nutztierarten. Im Einzelnen zählen dazu auch Untersuchungen zur Entwicklung von problemorientierten Lösungen und die Verbesserung und Verhütung von Fehlverhalten. Die Untersuchungen werden in den institutseigenen Ställen in Celle sowie auf Praxisbetrieben durchgeführt.

Das Celler Institut widmet sich bereits seit den Sechzigerjahren vor allem der Geflügelforschung und macht dabei unzählige Versuche fürs Tierwohl – bei 40 Millionen Legehennen und 600 Millionen Masthähnchen jährlich hierzulande eine gute Sache. Egal, ob es dabei um die Verbesserung von Haltungsverfahren, Tiertransporten und Betäubungsverfahren oder um die Vermeidung von Verhaltungsstörungen geht, die Arbeit des Instituts mit Hunderten Hühnern, Puten und Wachteln, nimmt international eine sehr wichtige Rolle ein. Das belegen Veröffentlichungen, Projekte, Tagungen und enge universitäre Kooperationen. Insgesamt sind neben den WissenschaftlerInnen noch etwa weitere 45 Mitarbeiter am Institut beschäftigt, die die Wissenschaftler bei der Forschung unterstützen und sich vornehmlich natürlich um die tierischen Bewohner, die Ställe, Brüterei, Versuchsräume oder Eierpackstelle kümmern. Hier werden auch Tierwirte, Fachrichtung Geflügelhaltung, ausgebildet. In dem Haus war einst die „Reichsforschungsanstalt für Seidenbau" ansässig, die im April 1940 ihren Betrieb aufnahm und zwei Jahre später in „Reichsforschungsanstalt für Kleintierzucht" umbenannt wurde. Darin sind heute noch alte Zäune mit stilisierten Raupen zu finden, wertvolle Bibliotheksbestände sowie bunt bemalte Glasfenster des Hannoveraner Glasmalers Heinrich (Heinz) Mühlenbein, dem auch einige Arbeiten in der Gartenkirche Sankt Marien in Hannover zuzuschreiben sind. Auf dem Gelände erinnern zudem noch einige alte Maulbeerbäume an die frühere Bestimmung des Hauses.

Standort und Navigation: Celle, Dörnbergstraße 25/27
Weitere Infos: www.fli.de/de/ueber-das-fli/historie/standort-celle

7 Gaststätten in Celle 1

Von alten Ausspannwirtschaften, feinen Gasthäusern, historischen Schänken, fremden Küchen, gemütlichen Cafés, angesagten Szenelokalen und Kultkneipen

Eine Stadt wie Celle, im Mittelalter gegründet, am Fluss Aller und im Kreuz alter Fernhandelstrassen gelegen, hat einige interessante Gaststätten vorzuweisen. Ob teils schon sehr alt oder noch ganz jung und gerade sehr trendy, es lohnt sich, manche Stätte etwas genauer unter die Lupe zu nehmen, denn viele der heute bestehenden Betriebe haben eine Jahrhunderte lange Gastronomiegeschichte oder zumindest irgendeine Art von Geschichte vorzuweisen. Ob fein, rustikal, mit Tradition, Charme, verwegenem Charakter, gutem Konzept und oft auch allem zusammen, locken sie ob ihres vielfältigen Angebots unzählige Gäste in ihre Keller, Stuben und Gärten. Manche davon wurden bereits im ersten Band „100 besondere Orte in Celle" beschrieben, einige weitere – doch leider längst nicht alle – finden in diesem Band Erwähnung. Allen voran steht neben dem Schweine-Schulzen und Fürstenhof (Kapitel 11 und 100) natürlich der Ratskeller mit seinem gotischen Kreuzgewölbe. Er gilt in Niedersachsen, wenn nicht gar deutschland- oder europaweit, als älteste Gaststätte. Bereits 1378 bekam der Wirt das herzogliche Recht verliehen, Wein und auswärtige Biere – Einbecker gibt es seitdem bis zum heutigen Tage – auszuschenken. Es ist dies die erste urkundliche Erwähnung, doch wahrscheinlich besteht der Ratskeller bereits seit Stadtgründung 1292. Der Keller wurde immer wieder erweitert und ausgebaut, zuletzt in den Dreißigerjahren, aus der Zeit stammen auch die Wandfresken des Berliner Malers Walter Miehe (1883–1972). Im Bürgermeisterzimmer sind die Namen der Celler Bürgermeister seit 1364 zu finden. Was der Bahlsen-Keks für Hannover, ist ein Engel für Celle. Gewesen. Es gibt einen Unterschied: Das Hannoversche „Krümelmonster" hat den Bahlsen-Keks wieder zurückgebracht, vom dem blauen Engel fehlt bis heute jede Spur. Und so fehlt dem Gasthaus gleichen Namens, eine der insgesamt elf früher in der Innenstadt ansässigen historischen Ausspannwirtschaften, seit Jahren die an einem Seil schwebende Figur mit dem vergoldeten Horn, welche jahrelang über der Toreinfahrt ihren festen Platz hatte. Stattdessen ziert nun eine blaue Quietschente den Eingang des Gasthauses. Dieses indes ist viel älter als der ursprüngliche Engel – seit 1776 ist ein Wirt nachgewiesen. Das Ausspanngeschäft kam gut hundert Jahre später dazu, ebenso eine Haltestelle für den Pferde-Omnibus-Verkehr Richtung Wienhausen und Langlingen. „Zum Groben Otto", 1877 als Wirtschaft gegründet, war über Jahrzehnte die Bahnhofsschänke schlechthin und verdankt ihren Namen dem späteren Betreiber Otto Brandt, der wohl recht geradeaus und ehrlich gewesen war – was nicht jedem gefiel. Jedenfalls soll ein Gast ein Brett mit der Aufschrift „Zum Groben Otto" über die Eingangstür gehängt haben, was der Wirt zum Anlass nahm, die Kneipe umzubenennen. Der „Otto" mutierte in den Achtzigern zur Kulturkneipe mit Plüschsofa und Klaviermusik. Nach einigen Jahren Leerstand ist die Kneipe seit 2014 wieder geöffnet und noch immer ist es wie seit eh und je guter Brauch, die Wände mit zeitgeschichtlichen Dokumenten zu schmücken.

Standorte und Navigationen:
Ratskeller: Celle, Markt 14
Blauer Engel: Celle, Kleiner Plan 7
Otto: Celle, Bahnhofstraße 40

8 Alter Provisor

Handwerk trifft Leidenschaft

Als Dörte Hirschfeld 1986 ihre Stelle in der einstigen Ratsapotheke in Celle antrat, dachte sie vermutlich nicht im Traum daran, dass sie eines Tages als Unternehmerin ihrem Broterwerb nachgehen und im eigenen Geschäft den berühmten Celler Likör „Alter Provisor" verkaufen würde. 2014 jedoch schloss die Apotheke, in der es unter anderem ihre Aufgabe war, das Kultgetränk zusammenzumischen, welches sich bereits im 19. Jahrhundert als Mittel bei Magengrimmen und zur Prophylaxe desselben bewährte. Die Rezeptur geht auf den Celler Apotheker Otto Kaiser zurück – er hielt die Familienrezeptur in einem alten Buch unter der Überschrift „aqua vitae", Wasser des Lebens, fest. Angeblich hatte er den Provisor immer vor Weihnachten angesetzt, als Waffe gegen Verdauungsbeschwerden – fettes Essen wie die gute Weihnachtsgans war wohl damals schon en vogue. Generationen von CellerInnen haben seitdem mit dem Likör viele weitere Zipperlein vorgebeugt oder, falls es sie bereits erwischt hat, ihnen damit den Garaus gemacht. Die Zusammensetzung besteht bis heute, so Hirschfeld, aus verschiedenen einheimischen Gewürzpflanzen, exotischen Zutaten wie zum Beispiel Kardamom sowie bitterstoffreichen Gewächsen wie Pomeranzenschale. Der Rest – bleibt ein streng gehütetes Geheimnis.

In Celles feineren Kreisen kursierte das Kaisersche aqua vitae schon längst als „Gänseschnaps", als Familie Greve 1910 den Betrieb übernahm. Erst im Jahr 1980 benannte der damalige Inhaber die Mischung in „Alter Provisor" um. Dann, nach fast 165 Jahren, kam das Aus für die ehrwürdige Apotheke. Die Greve Provisor UG produziert den Likör seitdem industriell. Dörte Hirschfeld indes stellt ihn nach alter Handwerkstradition her. Mit Mut und einem innovativem Konzept überzeugte sie eine Kommission, gewann den Unternehmerpreis Celle und eröffnete im November 2014 in einem Fachwerkbau aus dem Jahr 1640, in dem teils noch die uralten Böden und eine Falltür vorhanden sind, ihr liebevoll gestaltetes Geschäft namens „Alter Provisor".

„Ich brauchte viel Vorstellungskraft", so die Unternehmerin, die seit ihrem zwölften Lebensjahr mit großer Leidenschaft Altes sammelt und bewahrt, „um in dem maroden Bau zu erkennen, was er einmal werden sollte."

Das hat gut geklappt – im dazugehörigen Labor stellt sie seit Eröffnung mit Erfolg und teils noch mit den alten Gerätschaften den Magenwärmer nach dem Kaiserschen Rezept her. Jede Woche setzt sie dafür nach genau vorgegebenen Schritten die Mischung an. Zur Herstellung benötigt sie eine Woche, die Reifezeit dauert etwa ein halbes Jahr. Je älter der Provisor ist, desto weicher und gefälliger schmeckt er und so richtig rund ist er erst nach etwa fünf Jahren, so ihr Fazit. Am Ende steht die Flasche mit dem bernsteinfarbenen Halbbitter in den Regalen zum Verkauf. Man schmeckt und sieht den Unterschied zur industriell gefertigten Ware, so das Urteil der Kundschaft, der Celler Likör schmeckt intensiver und hat eine stärkere Färbung. Der Provisor war früher übrigens der Obergehilfe des Apothekers oder der Apotheker selbst. So ist also der Likörname Programm! Ganz einfach. Und ganz lecker.

Standort und Navigation: Celle, Bergstraße 12

9 Mit dem Segway durch Celle

Eine Stadterkundung der ganz besonderen Art

Wer braucht heutzutage zum Wandern und Erkunden noch Auto oder Rad? Oder Wanderschuhe? Neuerdings ist nämlich Segway angesagt, mit dem man seinen Radius in alle Himmelsrichtungen problemlos und vielfältig erweitern kann! Segway? Kennen Sie längst! Das sind diese ulkigen Lenkroller mit den großen Rädern, die mittlerweile in vielen weiteren Städten zu sehen sind und sich durch Neigen des Körpers lenken lassen. Jedes Rad wird dabei einzeln von einem Elektromotor angetrieben, ein Regelkreis lässt den Segway automatisch in die Richtung fahren, in die sich FahrerIn lehnt. Sieht sehr lustig aus, ist kinderleicht zu bedienen und macht einen Riesenspaß! Und nun also auch in Celle!
Die etwa vierzehn Kilometer umfassende Tour mit dem Segway dauert circa drei Stunden und beginnt an der „Dammaschwiese", der wunderschönen Flusslandschaft an der Aller inmitten des Stadtgebiets gelegen. Diese wird im Winter überflutet und ist damit übrigens das erklärte Lieblingsziel sämtlicher Schlittschuhläufer und Eishockeyspieler in Celle. Die Tour führt weiter in die historische Innenstadt zum alten, denkmalgeschützten Rathaus (s. Kap. 66) mit seiner bedeutenden und in Niedersachsen einmaligen Illusionsmalerei. Weiter gehts zum Schloss, welches einst als Wehrturm seinen Anfang nahm und immer weiter ausgebaut wurde, bis es schließlich die Form als prunkvolle, barocke Vierflügel-Residenz erhielt, welche heute aus dem Stadtbild nicht mehr wegzudenken ist. Von hier führt die Tour zum Französischen Garten, der einst als Lustgarten und später als barocke Anlage, von der letzten Celler Herzogin Éléonore d'Olbreuse 1670 in Auftrag gegeben, den Menschen einst Zerstreuung bot. Zum neuen Rathaus, im Kaiserreich Deutschlands zweitgrößte Kaserne und als Heidekaserne in die Annalen der Stadt eingegangen, ist es nun nicht mehr weit. Von hier fahren Sie dann in Richtung des kleinen Vorortes Altencelle, wo Celle seinen Anfang nahm (1292 Verlegung an den heutigen Standort) und zur über tausend Jahre alten Gertrudenkirche. Bei dieser Tour erwerben Sie zugleich den Segway-Führerschein in Form eines Zerftifikats, womit Sie sich bei manchen weiteren Touren die erneute Grundeinweisung ersparen können. Übrigens wurde der Segway Personal Transporter 2001 in den USA von dem Unternehmer und Erfinder Dean L. Kamen (Jahrgang 1951) erfunden und entwickelt. Seine Vision: Ein Alltagsfahrzeug, welches Städte vom Autoverkehr entlastet. Der Segway ist Kamens bekannteste Erfindung. Zuvor machte dieser bereits mit dem iBot, einem Elektrorollstuhl, der Treppen steigen sowie seinen Benutzer auf Augenhöhe mit stehenden Personen heben kann, von sich reden. Im medizinischen Bereich hat er zudem mit einem mobilen Dialyse-System Furore gemacht, die Liste seiner Auszeichnungen und Ehrungen ist entsprechend lang: 1997 wurde der Amerikaner mit fünf Ehrendoktorwürden in die amerikanische National Academy of Engineering gewählt, 2000 mit der National Medal of Technology geehrt. 2002 erhielt er den Lemelson-MIT Prize, 2005 erfolgte die Aufnahme in die amerikanische National Inventors Hall of Fame, 2006 bekam er den Global Humanitarian Action Award der UNO, 2011 die Benjamin Franklin Medal.

Weitere Infos: www.celle-tourismus.de

10 Beginen in Celle

Eine Spurensuche

Als Frau im Mittelalter selbstbestimmt leben? Schwierig. Doch einige haben es geschafft und führten ein Leben jenseits der strengen Aufsicht von Kirche und Familie. Sie nannten sich Beginen (auch Beguinen, Beghinen, Picarden, Polternonnen, Seelschwestern oder Klausnerinnen) und schlossen sich zu Beginn des 13. Jahrhunderts zunächst in Belgien auf Beginenhöfen zu ordensähnlichen Gemeinschaften zusammen. Es waren Frauen aus allen Schichten und Ständen. Die Gemeinschaft bot ihnen, ohne sich – wie in den bestehenden religiösen Orden zeitlebens binden zu müssen – ein religiös geprägtes und dennoch eigenständiges Leben. Dafür mussten sie sich ihren Unterhalt selbst verdienen. Oft waren Beginen als Handwerkerinnen tätig und bekleideten verantwortungsvolle Ämter im Bildungs- und Erziehungswesen, vor allem für Mädchen. Sie verpflichteten sich der Seelsorge, sowie Armen- und Krankenpflege. Ihr Gelübde galt dabei stets für ein (weiteres) Jahr. Sie konnten danach wieder aus der Gemeinschaft ausscheiden, heiraten und eine Familie gründen, ihr Vermögen mussten sie dann jedoch zurücklassen.
Die Bewegung breitete sich rasch über Westeuropa aus. Da die Frauen der Amtskirche gegenüber jedoch eine kritische Haltung vertraten, blieben ihnen Verbot und Verfolgung nicht erspart. Eine päpstliche Bulle im 15. Jahrhundert beispielsweise zwang sie, den Gemeinschaften der „dritten Orden“, kirchentreuen Laienvereinigungen mit klösterlichem Charakter, beizutreten, die Reformation setzte den dann noch letztverbliebenen Gemeinschaften vor allem im Norden Deutschlands ein vorläufiges Ende. Einige flandrische Begineneinrichtungen stehen heute auf der UNESCO-Liste der Weltkulturerbe. Im Zuge der Frauenbewegung gegen Ende des 20. Jahrhunderts haben sich erneut Beginen in Höfen formiert. Ihre Schwerpunkte liegen heute jedoch eher auf einem selbstbestimmten, nichtreligiösen Zusammenleben mit sozialer Ausrichtung.
Auch in Celle lebten einst Beginen – wohl bereits schon bevor sie sich 1463 der dritten Regel des Heiligen Franziskus unterstellten und sich Süstern (Schwestern) nannten. Die Regeln waren streng, tägliches Gebet gehörte ebenso dazu wie Gehorsam, und sie hatten fortan „wilde und verdächtige Orte“ zu meiden. Ordenstracht blieb ihnen außer schlichten grauen Mänteln erspart, doch sie hatten sich „othmodig“, bescheiden, zu kleiden. Mitte des 15. Jahrhunderts lag „eyn beghinen Huss to Tzelle“ (Urkunde von 1467) in der Nähe des einstigen Franziskanerklosters in der Straße „Am Heiligen Kreuz“. Die Beginengruppe, der ja bekanntlich eigener Besitz erlaubt war, lebte von den nach dem Armutsideal lebenden „Schwestern der Franziskanessen“, denen sie zugeordnet wurden, mit einer eigenen Oberin getrennt. Um 1500 erfolgte der Umzug in eine neue, gemeinsame Heimstatt an der Kalandgasse (einst Kanzleistr. 14, heute Bebauung von 1576). Doch auch diese Frauen blieben von der Reformation nicht verschont. 1538 waren die meisten von ihnen aus Celle verschwunden, 1589 ist die letzte namens Ilsabe erwähnt. Aber eine können Sie heute noch finden – als feine Fachwerkzier an einem der später erst errichteten „halben Häuser“, die einst aus zusammengetragenem Baumaterial älterer Häuser errichtet wurden.

Standort und Navigation: Celle, Bergstaße 1 b
Tipp: den denkmalgeschützten Beginenturm in Hannover Am hohen Ufer gleich mit anschauen!

11 Der Schweine-Schulze

Das heimliche Rathaus

Über dem Eingang hängt ein von Blüten und Blättern umranktes, goldenes Schwein mit hellblauen Augen und rosafarbener Nase, darüber ist stilisiert ein gefüllter Bierseidel zu erkennen, darunter steht in goldenen Lettern auf augenblauem Grund: Schulze. Bereits Mitte des 19. Jahrhunderts hatte der „Schlachter und Restauratör Schulze“ hier seinen Betrieb. Ihm ist wohl auch der ungewöhnliche Name, den das Haus heute noch trägt, zuzuschreiben: Schweine-Schulze. Das dazugehörige Nasenschild, auch Wirtshausausleger genannt, ist wahrscheinlich genau so alt wie das mitten in der Celler Altstadt gelegene Gasthaus, in dem Sie heute – meistens jedenfalls – vom Wirt mit einem charmant-antiquierten „Gott zum Gruß“ oder „Grüß Gott“ empfangen werden.

Das Restaurant mit seiner heimeligen Stube, den alten Holzbänken und blank gescheuerten Tischen, ist Celles heimliches Rathaus. Das kann Schulzewirt Udo Röder, seitdem er 1970 zusammen mit seiner Familie den Betrieb übernahm, hinlänglich bezeugen. Hier gingen und gehen noch immer, wie windig und farbig die Zeiten politisch waren oder gerade sein mögen, die Vertreter des Rates und der Stadtverwaltung ein und aus, hier halten die Juristen seit eh und je ihren Stammtisch ab und nicht nur der niedersächsische Adel kehrt gern ein. Die alten Gästebücher bringen interessante Einträge zutage: Ob frühe lokale oder überregionale Größen jedweder Couleur, Künstler und Literaten, UFA-Stars und Politprominenz und später die TV-Stars und Sternchen oder Moderatoren – sie waren alle da. Vom Heidedichter Hermann Löns bis zu Generalkonsulen so mancher Länder schauten im Lauf der Jahre schon einige vorbei und besonders Politiker geben sich bis heute im Schweine-Schulzen gern ein Stelldichein. Da finden sich beispielsweise Einträge von Helmut Kohl, Ernst Albrecht, Richard von Weizäcker, Gerhard Schröder oder Christian Wulff, und die Reihe bekannter Namen ließe sich mit Namen aus weiteren Branchen wie etwa Didi Hallervorden, Uwe Seeler, Bill Ramsey, Sky und Mirja DuMont beinah endlos fortsetzen. Und ganz egal, ob Prinz, Politiker, Partygirl oder Profifußballer – sie haben sich mit oder ohne Autogrammkarte, doch stets mit wohlmeinenden Worten oder wenigstens mit einer schwungvollen Unterschrift in den Gästebüchern verewigt. Oder zumindest auf einem Stück Papier, einem Bierdeckel oder einer Serviette, was neben den Gästebucheinträgen die reich bebilderten Wände der Gaststube eindrucksvoll dokumentieren. Röder, der stets in seiner markanten Lederschürze anzutreffen ist, kann zu Recht stolz auf diese Trophäen sein! Die in etwas krakeliger Handschrift verfasste Menükarte verspricht deftig-rustikale Küche mit Eisbein, Schnitzel und Co., orientiert sich aber auch an Regionalem und Saisonalem wie etwa Spargel oder Grünkohl. In der Gaststube hängt noch eine alte Menükarte aus den röderschen Anfängen. Das Angebot hat sich über Jahrzehnte kaum verändert – die Preise schon. Damals kosteten drei Spiegeleier mit Salat und Bratkartoffeln, seit jeher das erste Gericht auf der Karte, 2,75 DM, heute sind es 8,90 €. Achtung: Wenn's allzu eng zu werden droht, müssen BesucherInnen auf Anweisung des Wirtes auch mal ganz unnorddeutsch dichter zusammen rücken – was der Stimmung ja durchaus dienlich sein kann!

Standort und Navigation: Celle, Neue Straße 36

12 Das Atrium im Gymnasium Ernestinum

Griechisch-Römisches Flair für die kleine Pause

Was manchen SchülerInnen des Gymnasiums Ernestinum das berühmte morgendliche süße „Frühstückchen", mag anderen die Stulle sein – und das gern im kleinen Atrium, welches seit 2011 das von außen eher nüchtern und sachlich anmutende Schulgebäude mit griechisch-römischem Flair aufpeppt. Seitdem jedenfalls steht in einem winzigen Innenhof eine zwei Tonnen schwere historische Sandsteinsäule, welche möglicherweise einst zum Gut Andertenhausen (s. Kap. 26) gehörte, im 19. Jahrhundert westwärts vor den Toren der Stadt erbaut. Die Säule ist also weder römischen, noch griechischen Usprungs, was der Sache jedoch keinen Abbruch tut. Von Schülern und Lehrern wird das Atrium in Anlehnung an das altsprachliche Schulprofil mit einer kleinen Wortspielerei liebevoll „ernes stoa poikile" genannt. Dazu muss man folgendes wissen: Zum einen ist der Begriff Ernes die stadtinterne Abkürzung für die humanistisch ausgerichtete Schule, welche nach Herzog Ernst dem Bekenner (dem Celler Reformator) benannt ist, zum anderen war die stoa poikile eine philosophische Schule im altertümlichen Athen, untergebracht in einer bunten Säulenhalle, die für den Namen Pate stand. Ihr erster Schulleiter war der Stoiker Zenon von Kition. Er versuchte zunächst als junger Kaufmann in Athen sein Glück und wie viele Athener seinerzeit war er politisch wie philosophisch sehr interessiert, las Sokrates und hörte viele verschiedene Lehren. Schließlich gründete er aus lauter Begeisterung noch vor dem Jahre 300 v. Chr. seine eigene Schule, deren Lehrschwerpunkt der Stoizismus sein sollte, der besagte, dass der Mensch ein zur Einsicht fähiges Vernunftwesen sei, welches die göttlichen Gesetzmäßigkeiten anhand der Erscheinungen der Natur erkennen könne und sein eigenes Handeln danach ausrichten sollte. Für den Stoiker, also den Anhänger der Lehre der Stoa, gilt es, den jeweils eigenen Platz in dieser Ordnung zu erkennen und auszufüllen, sowie mit Hilfe von Gelassenheit und Seelenruhe zu Weisheit zu streben. Stoiker üben sich in Klugheit, Tugendhaftigkeit, Gerechtigkeit, Mut und Mäßigung; zu nützen und nicht zu schaden, diese Themen beherrschen ihr Denken, Fühlen und Tun. Das Schulprojekt „Griechisch-Römisches-Atrium" war eine gemeinsame Initiative von Schule, Landkreis, Stadt und Privatpersonen, um einen klassischen Rückzugsort für SchülerInnen zu schaffen. Doch selbst wenn die Sandsteinsäule nicht so alt ist wie die Säulen in der stoa poikile, und nur als Dauerleihgabe der Stadt hier ihren Bestimmungsort gefunden hat, ist der ehemals unspektakuläre und unbeachtete kleine Innenhof zu einem wirklichen Kleinod geworden – versehen mit Bänken, Mosaiken, Steinen, Brunnen, Pflanzen und Betonsäulen in den Farben der vier Partnerschulen in Italien, Polen, Dänemark und der Türkei.

Der Aufenthalt in der ernes stoa poikile morgens um halb zehn (und auch zu allen anderen Zeiten) ist eine sehr nette und ganz unkomplizierte Art, Bildung, Geschichte und Schulpause zu verbinden, die den BesucherInnen und SchülerInnen des Ernestinums hoffentlich noch lange erhalten bleibt.

Standort und Navigation: Celle, Burgstraße 21
Infos und Besichtigungen: nach Anmeldung in der Verwaltung möglich unter 0 5141 - 99 2110, www.ernestinum-celle.de

13 Das Italiener-Denkmal in Scheuen

Die „Arte culinaria“ als Lebensretter

Caporetto im Okober 1917. Italienische Soldaten stehen im Kampf gegen Deutschland und Österreich-Ungarn. Sie sind geschwächt – und geben auf. Eine patriotische Katastrophe. Zu Hunderttausenden kommen sie in Kriegsgefangenschaft. Ihnen steht eine harte Zeit bevor, schließlich gelten sie als die Sündenböcke schlechthin, welche Italien diese Niederlage eingebrockt haben. Die Schmach des Versagens hängt über ihnen und das italienische Volk will nichts mehr von diesen Männern wissen. Nur wenige erhalten Lebensmittelpakete von Angehörigen. Die italienische Regierung erlässt ein Verbot, „diesen Deserteuren“ (die Offiziere) überhaupt etwas zu schicken. Ein Sechstel der Männer stirbt und Italien muss sich später den Vorwurf gefallen lassen, sie dem Hungertod preisgegeben zu haben. Einige von ihnen lebten im Winter 1917/18 im Offiziersgefangenenlager in Celle-Scheuen. Harte Arbeit, sie mussten Pflastersteine verlegen, die teils heute noch zu sehen sind, Heimweh und vor allem Hunger, dominierten den Alltag. „Wir dachten nur an Essen, Essen, Essen. Wir redeten darüber und wir erinnerten uns daran“, so der junge genuesische Leutnant Guiseppe Chioni. Um vom Hunger abzulenken, schrieb er Kochrezepte auf und nannte seine Sammlung „arte culinaria“, Küchenkunst. Es wurde eine berührende Dokumentation italienischer Kochkunst. „Nur diejenigen, die mit uns gelitten haben, können uns wirklich verstehen,“ so Chioni in seinem Vorwort, „diese Rezeptsammlung ist aus den Erinnerungen, Schmerzen und Wünschen hervorgegangen, die wir untereinander ausgetauscht haben.“ Dem Vorwort Chionis folgen elf Abschnitte von Antipasti bis Marmelade. Im Kapitel „salse“ ist ein Rezept für „Pesto alla Genovese“ festgehalten, aus Basilikum, Knoblauch, Petersilie, Zwiebeln, Majoran, Gewürzen wie Salz und Pfeffer und schließlich sardischem Käse: Zusammen in einem Mörser zerkleinern und zu einem Brei verrühren. Um es zu nutzen, fügen Sie Öl hinzu.

Auch ein sizilianischer Mitgefangener verfasste eine ähnliche Rezeptesammlung. Beide überlebten. Die „arte culinaria“, jahrzehntelang in der Familie Chioni gut gehütet, wurde 2008 erstmals zusammen mit den Aufzeichnungen Fiorentinos unter dem Titel „La fame e la memoria ricettari della Grande Guerra Cellelager 1917–1918“ in Trient veröffentlicht.

Im 19. Jahrhundert wird Pesto in Italien noch als Suppenwürz, für Lasagne und Gnocchi empfohlen, später erst findet sich ein Hinweis darauf, die Würzpaste auch für Nudeln zu verwenden. Heutzutage kennen wir für das klassische grüne Pesto zwar eine etwas andere Zusammensetzung aus Pinienkernen, Basilikum, Knoblauch, Olivenöl, Salz und Parmesan, die zu verändern fast einem Frevel gleichkommt, doch erst 1955 wurde festgelegt, was in ein Pesto alla Genovese hinein gehört – und zwar immer noch ohne Zugabe von Pinienkernen. Die kamen noch später dazu. Das grüne Pestorezept von Chioni, wohl eher eine der wenigen, tatsächlich mal schriftlich festgehaltenen italienischen Salse-Variationen, das alte Straßenpflaster sowie ein Gedenkstein und ein Denkmal in Celle-Scheuen erinnern noch immer an die hier im Winter 1917/18 inhaftierten und schwer hungernden Italiener.

Standort und Navigation: Celle-Scheuen, Käthe-Kollwitz-Straße
Pflastersteine / Gedenkstein: Scheuen, An der Lake zwischen Arlohstraße und Schnuckentrift

14 Feuer! Feuer!

Wie der Brandplatz zu seinem Namen kam

Celle betitelt sich gern auch als Residenzstadt, obwohl das über 300 Jahre zurückliegt. Der Glanz jener höfisch geprägten Zeit jedoch schimmert noch immer vom Schlossdach und die Stadt zehrt bis zum heutigen Tage von barockem Prunk. Das ist die eine Seite der Stadthistorie – die andere: eng aneinanderstehende Fachwerkhäuser – ein geschlossener Stadtkern, der als denkmalgeschütztes Ensemble fast 500 in großen Teilen restaurierte und renovierte Häuser aus mehreren Jahrhunderten umfasst. Wie gefährlich das Leben dieser Stadtbewohner einst war, ist anhand von einigen Bränden dokumentiert. Manche Hausfront drückt die ständige Sorge in ihrer Inschrift aus, wie etwa „Dis Haus steht in Gottes Hand; derselb bewahre es vor Unglück und Fewersbrandt" – und Knallern und Böllern an Silvester ist in der Altstadt verboten.

Die Gesetzgebung in Sachen Feuerdelikten war seinerzeit ziemlich rigide. Hausbesitzer hafteten für alle Feuerschäden – auch des Dienstpersonals – und wer sich Löscharbeiten entzog, dem drohten saftige Geldstrafen. Brandstifterei wurde mit dem Tod geahndet. Viele Verordnungen aus dem Rathaus beschäftigten sich daher mit Prävention. Doch ganz zu verhindern waren Brände trotzdem nicht. Es brannte immer wieder mal – im Rathaus, am Südrand der Altstadt, bei der Stadtkirche und in mehreren anderen Stadtteilen, durch kriegerische Handlungen, um ein freies Schussfeld schaffen, weswegen im Siebenjährigen Krieg die halbe Hehlentorvorstadt abgefackelt wurde. Und es brannte auch mal mitten in der Altstadt, wo Fachwerkhäuschen eng an Fachwerkhäuschen steht und – die Rettungswege über die „Zwische" von Dachboden zu Dachboden reichten. Der Name des Brandplatzes zeugt noch heute von jener Gefahr, die hier durch alle Zeiten immer gegeben war und noch immer gegeben ist – er ist also nicht nach dem Politiker Willi Brandt benannt, der hier 1986 eine Rede hielt! Spielende Kinder (sowie ungünstige Umstände wie heißes, trockenes Klima über Tage und leicht brennbares Lagergut in der Nähe wie etwa Stroh und Alkohol) lösten am 27. Juli 1857 nachmittags um zwei Uhr eine große Feuersbrunst aus. Dabei war kaum an den Brandherd heranzukommen, die Notbrunnen waren rasch ausgeschöpft und die mit notwendigen Gerät ausgestattete, rettende Abteilung von „Pionieren aus Hannover", per neuestem Telefon angefordert, war erst abends um acht zur Stelle und löschte schließlich mit Wasser aus dem Schlossgraben den Brand. 27 Häuser und Hinterhöfe fielen den Flammen zum Opfer, fünf davon in der kleinen Quergasse „Lüntzloch". Ein ganzer Block wurde vernichtet, 69 Familien obdachlos, vor allem die der städtischen Schneidermeister, die sich zum Festtag der Schneiderinnerung mit Kind und Kegel in einer Ausspannwirtschaft und anschließend zu einem Ausflug ins Grüne getroffen hatten – was ihnen wohl das Leben gerettet hat.

Ein Hilfsfond, den der damalige König Georg V. unterstützte, wurde eingerichtet. Besagtes Gässchen gibt es indes nicht mehr, aber den „Brandplatz" mit dem einzigen Fachwerkhaus, welches bereits in der Zeit vor dem Brand exisitierte, den gibt es noch, und es grenzt fast an ein kleines Wunder, dass in der langen Ära des Bestehens der Altstadt doch bislang vergleichsweise so wenig passiert ist.

Standort und Navigation: Celle, Brandplatz

15 Lichtkunst in Celle

Das 24-Stunden-Museum und mehr

Am Tag ist es das, was in vielen anderen Städten Deutschlands zu finden ist: ein Kunstraum im klassischen Sinne mit Exponaten aus dem frühen 20. Jahrhundert bis heute. Darin sind Werke der Malerei, Grafik, Skulptur, Licht- und Objektkunst zu finden. Bei Nacht betrachtet ist es indes ein weltweit einzigartiges 24-Stunden-Kunstmuseum, dessen Konzept 1998 von dem Kunstsammler und Galerist Robert Simon initiiert wurde und welches spätestens, als der Anbau dafür 2005 stand, für allerhand Furore in Celle sorgte! Nicht alle BürgerInnen waren mit dem futuristischen Gebäude, das mitten in der historischen Altstadt entstand, einverstanden. Aber heute wissen es alle: der nachts verschiedenfarbig leuchtende Kubus ist die architektonische Visitenkarte des Hauses wie Celles als Lichtkunststadt!

Wer sich Exponate ansehen möchte, sollte zweimal zum Museum kommen, das heute auf 1000 Quadratmetern und drei Etagen ausstellt: tagsüber drinnen gucken, abends bei Dunkelheit außen. Und in der Tat, sobald sich die Türen abends schließen, beginnt das Museum sich zu verändern und die quadratische Glasfassade erstrahlt in wechselnd buntem Licht. Plötzlich sind um das Gebäude herum auch verschiedene Installationen zu erkennen – das Museum beherbergt eine der umfangreichsten Sammlungen aktueller Lichtkunst in Deutschland. Da ist beispielsweise „Zone Zero" von Otto Piene zu entdecken, die „Blaulichttreppe" von Vollrad Kutscher oder die „Capri-Batterie" von Joseph Beuys. Auch die Werke weiterer Künstler wie etwa von Brigitte Kowanz, Tim Ullrichs oder Christoph Hildenbrand sind vertreten.

Die Robert Simon Kunststiftung vergibt zudem seit 2014 zweijährlich den Deutschen Lichtkunstpreis, welcher mit 10.000 Euro dotiert ist. Mit dieser Auszeichnung sollen herausragende Künstler für ihren Umgang mit Licht als Medium geehrt werden. Erster Preisträger 2014 war Otto Piene (1928–2014). Der Künstler gehörte zu den Gründern der 1958 entstandenen Düsseldorfer Künstlergruppe ZERO, deren Ziel es war, nach den grauenvollen Kriegsjahren der deutschen Nachkriegskunst ein neues Gesicht zu geben. Im Januar 2016 wurde Mischa Kuball (Jg. 1959) geehrt, der seit den Achtzigerjahren Kunst im öffentlichen und institutionellen Raum präsentiert. Er gilt als „politischer Künstler des Lichts", ist Professor an Hochschulen in Köln und Karlsruhe und seit 2015 Mitglied der Nordrhein-Westfälischen Akademie der Wissenschaften und der Künste. Museumsgründer und Leiter Robert Simon, der auch die Galerie Kö 24 in Hannover betreibt, erhielt für seine Verdienste um die Kunst in Celle 2006 die Ehrenmedaille der Stadt, 2015 das Verdienstkreuz am Bande des Niedersächsischen Verdienstordens, 2015 wurde ihm zudem die Ehrenbürgerwürde verliehen. 2007 wurde dem Kunstmuseum Celle mit Sammlung Robert Simon beim Wettbewerb „Deutschland – Land der Ideen" die Auszeichnung „ausgewählter Ort" zuteil.

Längst hat die Lichtkunst auch weiteren Raum in der Stadt erobert! Interessante Objekte finden Sie unter anderem auch beim Klinkum Wahrendorff sowie rund um den „Licht-Bahnhof", wie etwa die „Rotierende Laterne" von Mischa Kuball oder das „Lichtspieltheater" von Vollrad Kutscher.

Standorte und Navigation:
Museum: Celle, Schlossplatz 7
Installationen am Bahnhof: Celle, Bahnhofsplatz
Installation am Klinikum: Celle, Schlepegrellstr. 4 im Innenhof

16 Tribünenbusch

Die Anfänge der Pferderennen in hannöverschen Landen

Zu Recht darf man sich fragen: Weshalb gibt es im Celler Stadtteil Klein Hehlen eine Straße namens Tribünenbusch? Nach Büschen sucht man hier eher vergebens und weit und breit ist auch nichts von einer Tribüne zu sehen. Doch genau da, wo heute die Straße verläuft, stand sehr wohl mal eine – nämlich direkt an einer Pferderennbahn, von der heute nicht mal mehr etwas zu erahnen ist. Einzig der Straßenname erinnert noch an die legendären Rennen, die hier mal stattfanden!

Im September 1834 wurde in Celle das erste Galopp-Pferderennen des königlich-hannöverschen Pferdevereins ausgetragen – le dernier crie jener Zeit – erstmals hatte ein derartiges Rennen auf deutschem Boden 1822 in Bad Doberan stattgefunden. Rund 12.000 Menschen säumten seinerzeit in Celle die Bahnen! Die Kavalleristen waren meist junge Offiziere aus dem gesamten Königreich Hannover und sogar darüber hinaus, einige unter ihnen zählten zu den Söhnen wohlhabender Gutsbesitzer im Cellerland. Sie alle preschten auf ihren Rennpferden an den Menschenmassen entlang und jeder, der seinerzeit Rennpferde besaß, wie etwa auch einige Celler Kaufleute, konnte, zum Beispiel zum sogenannten Säbelrennen, bei dem tatsächlich ein Säbel als Preisgeld vergeben wurde, eine Meldung abgeben und sein Ross samt geeignetem Reiter ins Rennen schicken.

Die Celler Pferderennen entwickelten sich in den Folgejahren zum geradezu gesellschaftlichen Großereignis – sie fanden zunächst eine Woche lang statt, später tageweise. Auch Mitglieder der hannoverschen Königsfamilie ließen es sich nicht nehmen, vorbeizuschauen, wie etwa der hannoversche Vizekönig Prinz Adolph Friedrich von Großbritannien, Irland und Hannover, 1. Duke of Cambridge (jüngster Sohn von König Georg III.) in Begleitung seiner Gemahlin Auguste von Hessen nebst zwei Kindern. Auch damals wurde schon am Rande Allerlei angeboten – Tiere etwa, heimische Erzeugnisse aus der Landwirtschaft bis zum altenglischen Würfelspiel Hasard, dem Glücksspiel seinerzeit schlechthin …

1863 endeten die Rennen im beschaulichen Celle wegen nachlassender Besucherschar und damit fehlenden Geldes. 1866 verlor das Königreich Hannover an der Seite Österreichs den Deutschen Krieg. Es stand nun als Provinz Hannover unter preußischer Regierung. In Hannover wurde 1867 ein neuer Pferderennverein gegründet und bald fanden wieder öffentliche Galopprennen statt. Jedoch nie mehr in Celle, sondern stattdessen auf der Mecklenheide, später auf der Kleinen Bult (Bulte = niederdeutsch für Hügel) und schließlich der Alten Bult, wo die Rennen bis 1970 auf der Galopprennbahn „Große Bult“ liefen. Heute steht auf dem Gelände das „Kinderkrankenhaus auf der Bult“ und längst ist der Hannoversche Stadtteil Langenhagen, die „Neue Bult“, Austragungsort. Die Rennwochen in Hannover zählen zum festen Bestand des deutschen und internationalen Pferderennsports. 1920 gründeten sich mit Berufung auf die Rennanfänge hierzulande der Verein „Celler Pferdefreunde 1834 e.V.“. Dieser setzt somit die Tradition des einstigen königlich-hannöverschen Pferdevereins, wenn auch ohne kavalleristische Galopprennen und an anderer Stelle, doch immerhin fort!

Standorte und Navigation: Celle, Tribünenbusch
Celler Pferdefreunde: Celle-Scheuen: An der Lake 5
Rennen in Hannover: www.neuebult.de

17 Gaststätten in Celle 2

Von alten Ausspannwirtschaften, feinen Gasthäusern, historischen Schänken, fremden Küchen, gemütlichen Cafés, angesagten Szenelokalen und Kultkneipen

Das Kanzleicafé eröffnete 2014 nach vorherigen Standorten und unter anderem Namen und avancierte in kürzester Zeit zum Kultcafé von Celle. Das Haus findet bereits 1680 als Ausspannwirtschaft „In der weißen Taube" in den Annalen der Stadt Erwähnung. Demnach soll es einst die größten Pferdeställe in ganz Celle gehabt haben und die Besitzer zählten im 17. Jahrhundert zur herzoglichen Hofhaltung. 1927 bekam die Gaststätte den Namen Gerichtsklause und wurde von den Angestellten des nahe gelegenen Gerichtes frequentiert, der Logierbetrieb wurde noch bis 1936 aufrechterhalten. Von 1971 bis 1999 bot der Dalmatia Grill darin jugoslawische Küche an und so manche CellerInnen aßen dort erstmals in ihrem Leben Ćevapčići. Mit seiner klaren und minimalistischen Einrichtung ist das Café samt Hinterhof und Garten Treffpunkt vieler Unternehmer, Künstler, Juristen oder Politiker. Im „Dichterraum" mit Zitaten zahlreicher vor allem lokaler Autoren, finden auch Veranstaltungen statt. Der Name des Weinkellers „Postmeister von Hinüber" gibt Zeugnis davon, was und wer in dem Haus einst ansässig war. Zwischen 1706 und 1740 war darin eine Poststation untergebracht – geleitet von Postmeister Christian Carl Hinüber, Enkel von Hans Hinüber, der unter der Ägide des Generalpostmeisters Francesco Maria Capellini, genannt Stechinelli (s. Kap. 100), einst das gesamte Postwesen in Hannoverschen Landen auf- und ausbaute. Die Familie Hinüber wurde im späten 17. Jahrhundert geadelt und war bis ins 19. Jahrhundert in der „Branche" tätig – auch nachdem die Post 1736 unter König Georg II. in staatliche Verwaltung überführt wurde. Seit 1986 als Restaurant und Weinkeller geführt, bieten die Betreiber neben feinen Weinen auch frische, regional und saisonal bestimmte Speisen an.

Der „Schifferkrug" war einst der Krug der ehrsamen Zunft der Allerschiffer – gemäß einer herzoglichen Verfügung vom Mai 1454 besaß die Stadt ein Monopol für die Kornschifffahrt auf der Aller – und der Krug kann auf eine Geschichte bis ins Jahr 1685 zurückblicken. Die Verladespeicher lagen ganz in der Nähe, Händler und Schiffer benötigten Quartier und Bewirtung. Daher wurde im Schifferkrug Ausspann, Beherbergung und auch Branntweinausschank betrieben. Im Juni 1794 erhielt der damalige Wirt von den „Koeniglich-Grossbritannischen zur churfürstlich-Braunschweig-Lueneburgischen Regierung verordneten Geheime-Räthen" auch schriftlich die Konzession – der Auszug sowie eine Gedenktafel an die Allerschiffer sind heute noch in der Diele der Gaststätte zu finden.

Wo abends die Fabrik Lounge Aimely ihre Türen öffnet, wurde 1970 der „erste Chinese" in Celle ansässig – und weit davor lag hier die erste Backwarenfabrik der bekannten „Zwieback-Brüder" Harry und Carl Trüller, wovon noch immer ein alter Backofen im Keller des Hauses zeugt. Direkt an der Aller gelegen und mit postindustriellem Ambiente samt rostigen Stahlträgern und groben Putz an den Wänden können Sie hier regelmäßig Livemusik genießen.

Schon die Namen der Straßen allein haben Sang und Klang, Form und Farbe. Blumlage und Fritzenwiese, wie das klingt, Stechbahn und Bohlenberg, wie das singt ...

Hermann Löns | 1866–1914

Standorte und Navigationen:
Kanzleicafé: Celle, Kanzleistraße 6
Postmeister von Hinüber: Celle, Zöllnerstrasse 25
Schifferkrug: Celle, Speicherstraße 9
Fabrik Lounge Aimely: Celle, Torplatz 2

18 Der Entenfang

Das Teichgebiet in Boye

Angeblich gehörten sie zu seinen Lieblingsspeisen, jedenfalls wird dies über die Geschmacksvorlieben von Georg Wilhelm, dem letzten Celler Heideherzog, gern kolportiert. Und damit des Herzogs liebstes Federvieh stets in ausreichender Menge für die fürstliche Tafel vorhanden war, ließ selbiger 1690 einen Entenfang samt Hofstelle mit Back- und Brauhaus vor der Toren der Stadt anlegen. Hier, am Rande der Boyer Fischteiche, einst eine viel größere Flachseelandschaft, die sich acht Kilometer vom Schloss entfernt heute noch über sechzig Hektar im Nordwesten Celles erstreckt, entstand eine umfassende Lebendfanganlage nach holländischem Vorbild, auch Entenkoje (niederländisch: kooi = Käfig, Verschlag, Stall) genannt. Besonders wenn Feste angesagt waren, wurde im Schloss reichlich aufgetischt und so diente die Entenkoje vor allem für den Massenfang – bis zu zwanzigtausend Vögel sollen seinerzeit jährlich in einem der adligen Kochtöpfe gelandet sein (und ihre Daunenfedern in Kissen), egal, ob Löffelente, Schnatterente, Stockente, Pfeifente oder Spießente. Dafür wurden an den Ecken eines dafür neu angelegten, einen Hektar umfassenden Teiches sogenannte Pfeifen angelegt, schmaler zulaufende, begrenzte Wasserläufe, die mit Netzen überspannt waren und an deren Ende Vogelfangreusen angebracht waren. Mithilfe von gezähmten Lockenten wurden durchziehende Wildenten angelockt, denen, sobald sie die Reusen passiert hatten, im wahrsten Sinne des Wortes vom Kooiker, dem Entenmeister, der Hals umgedreht wurde (Fachsprache: kringeln).
1782 wurde der Celler Entenfang, zeitweise auch beliebtes Ausflugslokal, privatisiert. Es folgten mehrere Besitzerwechsel, einer von ihnen erreichte, dass die gesamte Anlage den Status eines Rittergutes erhielt – was es bis heute auch ist. Seit 1911 ist das Gut im Besitz der Familie Barckhausen, die es sich zur Aufgabe gemacht hat, das gesamte Teichgebiet – Brut-, Rast- und Überwinterungsgebiet vieler Vogelarten – in seinem Ursprung zu pflegen und zu erhalten. Zwei Fangarme der Lebendfanganlage sind bis heute zudem unversehrt zu sehen. Über achtzig Brutvogelarten sind im Teichgebiet heimisch. Für die Meldung als FFH-Gebiet (Flora-Fauna-Habitat nach europäischem Naturschutzrecht) sind vier seltene Fischarten und besonders seltene Pflanzenarten, die zur Heideweihervegetation gehören, wertgebend.
Bereits seit 1937 stehen die Boyer Teiche sowie der gesamte Nordteil der Gemarkung unter Landschaftsschutz, 1936 wurde der Lebendfang umgestellt. Die Tiere wurden nun nicht mehr geschlachtet, sondern im Auftrag der Vogelwarte Helgoland (außeruniversitäres Institut für Vogelforschung und weltweit eine der größten ornithologischen Forschungseinrichtungen) bis 1981 beringt und wieder frei gelassen. 1976 wurde es als Wasserwildreservat unter besonderen Schutz gestellt. Seit 1985 gilt hier die zweite Wildschutzverordnung, welche das Betreten ebenso wie die jagdliche und fischereiliche Nutzung reglementiert. Die Celler Jägerschaft hat einen Lehrpfad durch das historisch wie naturkundlich hochinteressante Gebiet eingerichtet, und bietet mehrmals im Jahr darin Führungen an.

Standort und Navigation: Celle, Entenfang

19 Der historische Schienenbus

Unterwegs mit dem Ameisenbär

Wenn sich der Ameisenbär in Celle ankündigt, dann wird so manchem Heijder ganz warm ums Herz und viele möchten ihn sehen …
Das historische Gefährt stammt aus der Triebwagen- und Waggonfabrik Wismar AG mit der Bezeichnung Wismarer Schienenbus (Typ Hannover) und war in den Jahren 1932 bis 1941 als Wagen für den Personenverkehr auf Kleinbahnen gebaut worden. Unter anderem wurden für den Bau 50-PS-Ford-Benzinmotoren und Bauteile aus dem Straßenfahrzeugbau verwendet. Bedingt durch die Bauform, wurde in jede Fahrtrichtung ein Motor eingebaut – die dazugehörigen, spitz zulaufenden Motorhauben standen Pate für die bald gefundenen Kosenamen des Gefährts: Ameisenbär (andernorts auch als Schweineschnäuzchen bekannt).
Von diesen Wagen gibt es in Deutschland nur noch wenige Exemplare, man schätzt etwa elf. Vier aus den Baujahren 1933 bis 1937 mit den Betriebsnummern 506 bis 509 gehörten einst der OHE (Osthannoversche Eisenbahnen AG). Lange Zeit wurden diese als Ersatz für die aufwendigen Dampfpersonenzüge auf Kleinbahnstrecken eingesetzt. Einer von ihnen hat noch heute seinen Heimatbahnhof in Celle auf dem Gelände der OHE und wird von der Erixx GmbH genutzt (100 %ige OHE-Tochter, die zu Netinera Deutschland GmbH – was bis März 2011 Arriva Deutschland war – gehört, welche wiederum einem Konsortium unter der Führung der italienischen Staatsbahn „Ferrovie dello Stato Italiane (FS)“ angehört). Der Verkehrsverein Soltau setzt den Ameisenbären, der es zu 50 km/h Höchstgeschwindigkeit bringt, für touristische Sonderfahrten durch die Lüneburger Heide und ihre teils naturgeschützten Gebiete ein. Jeden Sonntag zuckelt er von Soltau, Abfahrt morgens um zehn Uhr, über Luhegrund und Bispingen nach Döhle (drei Stunden Aufenthalt) und wieder zurück – mit zahlreichen Ein- und Ausstiegsmöglichkeiten für Wanderer und Radfahrer (max. 12 Räder können mitgenommen werden). Die Fahrscheine sind ausschließlich direkt im Zug zu bekommen, Reservierungen sind nicht erforderlich.
Aber hin und wieder ist der Ameisenbär auch in Celle zu sehen. Dann strömen die Menschen zum OHE-Gelände und all die vielen Männer, die als kleine Jungs nichts anderes als Lokomotivführer werden wollten, dürfen sich in nostalgischer Wärme und Wehmut aalen, zugleich mit Gleichgesinnten angesichts des wunderbaren Gefährts mit seinen 54 Sitz- und sechzehn Stehplätzen fachsimpeln, auf den alten, grün bezogenen Bänken Probe sitzen und die charmant-antiquierten Armaturen bewundern! Immerhin hat der Ameisenbär aus dem Jahr 1937, der auch von Gruppen und Vereinen für Sonderfahrten gebucht werden kann, seit seiner Indienststellung über anderthalb Millionen Zugkilometer geleistet.
Aber man beachte bitte – noch heute ist auf einem Schild im Innenraum zu lesen: „Die Unterhaltung ist dem Wagenführer verboten!“

Standort: OHE, Biermannstraße
Fahrten über: Soltau-Touristik: 0 51 91 - 2 82 82

20 Die kreative Ballettschule

Unikat in deutscher Tanzlandschaft

„Erste Position – en bas ... port de bras und demi plié ... Fünfte Position rechts vorn und grand battement tendu ... Fünfte Position croisé...“
Wer je Ballett getanzt hat, kennt die Kommandos für die Grundpositionen der fünf Fußstellungen im klassischen Ballett, bei der die Füße vor- oder nebeneinander angeordnet werden müssen. Hier in Celle gibt es jedoch nicht nur eine Ballettschule, die in klassischem Tanz ausbildet, sondern auch in Barock- und Renaissancetanz – eine einmalige Kombination in Deutschland. Seit 1996 bietet Ilona Harf, die ihre Ausbildung an der Akademie für Alte Musik in Bremen sowie der Berufsfachschule für Bühnentanz in Hannover absolviert hat, dazu mehrere Klassen an. Die jüngsten SchülerInnen sind vier Jahre alt, die Ältesten Mitte fünfzig. Aber für so manche Rolle standen auch schon fast Siebzigjährige auf der Bühne.
Aber was unterscheidet nun die einzelnen Tanzformen voneinander? Die Primaballerina in Tutu und Spitzenschuhen, fast schwerelos scheinende Sprünge, graziler Tanz in großen Bühnenwerken wie der „Nussknacker“ oder „Schwanensee“ – so kennt man klassisches Ballett. Den Renaissancetanz (etwa die Zeit von 1450 bis 1650) dominieren indes eher Gehschritte und sogenannte Galliarden, raffinierte Sprungtänze. Der Tanz basiert – im Vergleich – jedoch auf parallelen Fußpositionen. Hierzulande kennt man beispielsweise den Renaissancetanz „Allmande“, bei dem paarweise in Kolonne einige Schritte vorwärts und dazwischen kleine Hüpfer getanzt werden. Beim Barocktanz, die Epoche vom Anfang des 17. Jahrhunderts bis etwa zur Mitte des 18. Jahrhunderts, bilden zwar wieder die fünf klassischen Fußpositionen das Gerüst, der Tanz lebt aber vor allem von dem besonderen Kreisen der Arme und Hände, diese werden dabei nie höher als bis zu den Augen erhoben. Dazu zählen etwa alte französische Ballsaaltänze wie Menuett und Sarabande oder auch Gigue, ein eher lebhafter Tanz. Mit akrobatischen Elementen zählen diese zudem auch zum Bühnentanzrepertoire, welche für Charakterrollen infrage kommen. Celle und Barock, das gehört einfach zusammen, und zwar nicht nur im Geschichtsbuch. Es war der zündende Ideenfunke für die Gründung der Schule, als Ilona Harf, gebürtige Westfälin und Mutter zweier Söhne, 1992 zur 700-Jahrfeier der Stadt Celle mit einem von ihr bereits während der Ausbildung gegründeten Ballettensembles aus Hannover mit Schwerpunkt barocke Originalchoreografien auftrat – damals einzigartig in Deutschland! Heute unterrichtet die sechzigjährige Tanzpädagogin, die übrigens noch immer wöchentlich Unterricht bei ihrem alten Lehrer in Hannover nimmt, Jahr für Jahr um die hundert ElevInnen. Mehrere Projekte demonstrieren auf eindrucksvolle Weise die Vielfalt ihrer Arbeit, wie etwa das Ballet du cour, eine Art Barock-Musical, oder auch das Märchenballett, bei dem alle SchülerInnen mitmachen dürfen. Beeindruckend ist auch der schuleigene Fundus von authentisch und aufwendig gearbeiteten, teils sehr teuren Kostümen und Perücken für Aufführungen, Auftritte und Aufnahmen – längst ist die kreative Ballettschule nämlich über die Grenzen der Stadt hinaus gut bekannt, immer wieder berichten Journalisten bundesweit über die Arbeit der renommierten Tanzschule in Celle, selbst im Fernsehen.

Standort und Navigation: Celle, Lauensteinplatz 11 a

21 Eine alte Holztafel im Wald

Gedenken an ein kleines Mädchen

Über achtzig Gedenkstätten, Erinnerungssteine und Tafeln sind in Celle und dem Cellerland zu finden, viele davon tief verborgen in den umliegenden Wäldern. Ein x-faches dieser Zahl sind die Geocaching-Punkte, die mittlerweile ebenfalls übers Land verteilt zu finden sind und deren Aufsuchen eine große Anhängerschaft gefunden hat. Und wenn beides zusammenfindet, wird daraus ein Erinnerungsort, oft auch ein beinah mystischer Ort, jedenfalls einer, der einen schon mal das Gruseln lehren kann, vor allem bei Dunkelheit – eine beliebte Suchart bei den Cachern und von den Profis als Nachtcache bezeichnet. Einer dieser Orte ist ein Wäldchen in der Nähe des Burgwalles zwischen Westercelle und Altencelle, den südlich gelegenen Ortsteilen von Celle. Abseits des Weges befindet sich – mittlerweile in einer Höhe von mehreren Metern – an einem Baum noch immer eine unscheinbare Holztafel aus dem Jahr 1927, darauf geschrieben steht:

Wanderer beuge Deine Knie und bete ein Vaterunser
für die arme kleine Anni Scharringhausen.
Sie starb hier am 23. Juli 1927 7 ¾ Jahre alt durch Mörderhand.

Das zarte blonde Mädchen aus Winsen an der Aller war zuletzt an ihrem Todestag nachmittags gegen zwei Uhr bei den damals noch existierenden Burgkasernen in der Stadt gesehen worden. Dort traf es auf seinen Mörder, einen Mann aus Ahnsbeck, der es entlang der Braunschweiger Straße ein Stück auf seinem Rad mitnahm und dann schließlich in besagtem Wäldchen, damals als „Matthiessche Koppel bei Burg“ bezeichnet, tötete. Erst Wochen später wurde die kleine Anni gefunden, die Reue hatte dem Täter den Weg zur Polizei gewiesen. Auf der Wache legte er ein umfassendes Geständnis ab, anschließend führte er die Kriminalbeamten zum Ort des Verbrechens. Die Tafel erinnert noch immer an den Mord aus dem Jahr 1927. Geocacher haben diesen Ort entdeckt und ganz in der Nähe ein sogenanntes Cache (engl. geheimes Lager) versteckt. Geocaching, auch GPS-Schnitzeljagd genannt, ist eine Art elektronische Schatzsuche oder Schnitzeljagd. Ein Versteck wird in der Fachsprache Cache genannt und anhand geographischer Koordinaten im Internet veröffentlicht. Mithilfe von GPS-Empfängern oder Landkarten können diese gesucht werden, meist finden sich ein wasserdichten Behälter mit Logbuch und manchmal auch kleinere Tauschgegenstände darin. Nach Eintrag ins Logbuch muss alles wieder an derselben Stelle versteckt werden. Im Fall dieses Caches liegt auch der Text des Vaterunsers in einer Box, ebenso Infos zum Mord an der kleinen Anni. Weltweit existieren heute Millionen Caches, über 300.000 davon allein in Deutschland. Der erste Cache wurde hierzulande am 2. Oktober 2000 südlich von Berlin versteckt und trägt den Namen First Germany. Der Cache in Altencelle ist nur einer von ihnen, aber ein ganz besonderer, wird hier doch einem kleinen, unschuldig getöteten Mädchen dadurch noch heute gedacht.

Standort und Navigation: Celle, von der Straße Eiklint weiter bis zu einem kleinen Weg der nach rechts führt, dann über eine Wiese zu einem Wäldchen, dort den ersten Trampelpfad rechts in den Wald hinein einschlagen.

22 Die Celler Schlosskapelle

Kleinod ganz versteckt

In einem Kapitel zusammenzufassen, was die Celler Schlosskapelle alles an Sehenswertem bietet, ist nicht zu schaffen – zählt diese doch zu den bedeutendsten Zeugnissen der Renaissancekunst in Norddeutschland. Aber das Interesse daran wecken, das schaffen auch wenige Zeilen!

Die Reformation war vollzogen und die neue Frömmigkeit der Celler Herrscher sollte – entgegen der neuen Schlichtheit – prachtvoll und dem fürstlichen Repräsentationswillen entsprechend zum Ausdruck kommen. Der gotische Sakralbau aus dem 15. Jahrhundert (Weihe 1485), im unteren Geschoss des Turms am östlichen Ende des Südflügels gelegen, wurde daher zwischen 1565 und 1576 im Auftrag des Herzogs Wilhelm d. J. völlig neu ausgestattet und gilt heute als einziger fast vollständig erhaltener Kirchenraum Deutschlands aus frühprotestantischer Zeit. Die Hofkapelle des Celler Welfenhauses mit ursprünglichem Namen Sankt Valentin stellt damit einen kunsthistorischen Schatz von herausragender Bedeutung und dar, Qualität wie Fülle von Malereien gelten als einzigartig. Um die Kapelle statisch zu stabilisieren, wurden jedoch Ende der Siebziger Jahre Deckengewölbe und Mauerwerk mit Beton verfüllt. Fortan bildete sich bei Besuchen Feuchtigkeit – die klimatischen Folgen waren entsprechend katastrophal und die Kapelle musste bald sehr aufwändig restauriert werden. Seitdem können Besucher nur noch bis an eine Glaswand heran treten, dahinter sorgt ein stabiles Klima für den Erhalt der dadurch jedoch leider auch in eine Art Dornröschenschlaf versunkenen Kapelle, die fast nur noch einer Handvoll Kunsthistorikern näher bekannt ist. Doch auch der Blick „nur“ durch die Glaswand lohnt allemal, auch wenn die unglaublich Flut optischer Reize kaum zu bewältigen ist. Der Gemäldezyklus stammt zu großen Teilen aus der Werkstatt des flämischen Malers Marten de Vos (1532 – 1603). Er beschreibt damit zahlreiche Kapitel des Alten wie Neuen Testaments, angefangen von der Schöpfung bis zur Auferstehung Jesu. Der besonders sehenswerte Altar mit Retabel zeigt innen und außen in Teilen die Lebensgeschichte Jesu, beginnend mit Ankündigung und Geburt bis zur Kreuzigung. Ebenso sind zwei Portraits des Celler Herscherpaares Wilhelm des Jüngeren und seiner Gemahlin, der dänischen Prinzessin Dorothea, Herzogin zu Braunschweig und Lüneburg, zu sehen, möglicherweise wurden die Bilder von Ludger Tom Ring dem Jüngeren aus der bekannten Münsterländer Künstlerfamilie angefertigt. Der Herrschaftsstand der Herzogin mit seinen Butzenscheiben ist ebenso sehenswert, wie die Kanzel an der Südwand, welche dem in der zweiten Empore hoch oben eingebauten Herrschaftstand des Herzogs gegenüber liegt und eindeutig die Machtverhältnisse demonstriert: Der Prediger muss zum Fürsten aufschauen. Immer wieder stößt man in der Kapelle zudem auf Wappen und Darstellungen der Herrscherfamilie. Die Brüstungsreliefs zeigen zudem verschiedene Propheten, Apostel und Evangelisten, welche von musizierenden Engeln umrahmt werden. Die Orgel aus dem 16. Jahrhundert wurde 1865 (Heinrich Vieth) und im 20. Jahrhundert durch den süddeutschen Orgelbauer Paul Ott erweitert und wird heute zum Erhalt regelmäßig zweimal monatlich gespielt.

Standort: Schloss Celle, Schlossplatz

23 Das Celler Volksliederfestival

Da haben wir so manche Stund ...

Es war das Überraschungsprojekt des Jahres 2013 in Celle und lehrt all' jene, die Volksmusik als Relikt aus grauer Vorzeit belächeln, eines Besseren – über tausend Besucher strömten an jenem Frühsommertag zur CD-Kaserne, dem Veranstaltungsort, um beim ersten Celler Volksliederfestival mitzusingen. Rentnerveranstaltung? Von wegen. „Die Altersspanne ist sehr bemerkenswert“, so Kai Thomsen (s. Kap. 44), Organisator des Festivals, Geschäftsführer der CD-Kaserne und keineswegs Vertreter des Pensionsalters. „Ich kenne keine andere Kulturveranstaltung, bei der alle Generationen auf solch' natürliche und herzliche Weise miteinander etwas auf die Bühne zaubern. Es gibt nichts, was so sehr verbindet, wie gemeinsames Singen!“
Recht hat der studierte Deutsch- und Musiklehrer (Klavier, Gitarre), der sich seine ersten Sporen im Musikgeschäft als Promoter verdiente. Vom Chor der Katholischen Grundschule Celle (Leitung und Mitorganisatorin Sandra Graß) bis zum Singen-Verbindet-Chor des Guizetti-Seniorenstifts ist dabei so ziemlich jede Altergruppe vertreten. Diese Altersstruktur der Gästeschar überzeugt beim „Spektakel der guten Laune“, bei dem traditionelle Volkslieder genauso angestimmt werden wie moderne, volkstümliche Schlager (Liederbücher werden kostenlos verteilt). Und ja, es sind auffällig viele Kinder, Jugendliche – und die dazugehörigen Großeltern – zu sehen. Und es werden jedes Jahr einige Hundert mehr, die mit Inbrunst und Herzblut in allen Stimmlagen jene Lieder anstimmen, die viele junge Menschen kaum mehr kennen, weil die Beschäftigung mit traditionellem deutschen Liedgut seit Jahrzehnten als restlos uncool oder negativ belastet angesehen wird. Fachleute schlagen deswegen schon lange Alarm: An vielen Schulen fehlt heute die musikpädagogische Ausbildung, Eltern singen zu wenig oder gar nicht mehr mit ihren Kindern. Das Celler Mitmachprojekt will hier ein positives Zeichen setzen und dazu aufrufen, sich wieder vermehrt mit Volksliedern auseinanderzusetzen. Es will das Liedgut aus der Ecke politischen Missbrauchs hervorholen und wieder als das etablieren, was es im ursprünglichen Sinne eigentlich ist: eine identitätsstiftende und generationenübergreifende Verbindung von Menschen. Die Idee überzeugte auch den Lüneburgschen Landschaftsverband, welcher das Festival als einzigartiges Leuchtturmprojekt 2013 und 2015 unterstützte. Der Deutsche Chorverband in Berlin stellte für das Projekt zudem 2014 Bundesmittel im Rahmen des Förderprogramms „Kultur macht stark“ zur Verfügung.
Die Inspiration für das Festival bekam Kai Thomsen übrigens vor einigen Jahren bei einer Fortbildung, während der er mit anderen Erwachsenen spontan abends zusammen saß, sang und musizierte. Die Texte dazu lieferte – hochmodern – das I-Phone. Schnell fand er zu Hause Mitstreiter, begeisterte Middle-Ager und Sangesfreudige wie er selbst, Musikpädagogen und Hobbymusiker, die bereit waren, seine Idee umzusetzen. Mit überwältigendem Erfolg – das Festival ist in Celle mittlerweile fest etabliert, und ... da haben wir so manche Stund, gesessen da in froher Rund. Und taten singen, die Lieder klingen ...

Standort und Navigation: Celle, CD-Kaserne, Hannoversche Straße 30 B
Der Eintritt ist frei, um Spenden für die teilnehmenden Ensembles wird gebeten.

24 Der Pferdesenat am Oberlandesgericht

Equine Rechtsprechung an höchstrichterlicher Stelle

Wenn du ein Pferd kaufst, dann schließe die Augen und bete, so hieß es früher in der Toskana. Das ist lange vorbei und reicht zudem auch heute längst nicht mehr. Denn ein Pferd ist ein Wirtschaftsfaktor, der für Milliardenumsätze steht und es braucht mehr als nur einen rechten Glauben und auch mehr als einen verbindlichen Händedruck – jedenfalls bei Streitigkeiten. Und so findet sich im Geschäftsverteilungsplan des Oberlandesgerichtes zu Celle der 20. Zivilsenat unter dem Vorsitz des Präsidenten, der sich in seinen Geschäftsaufgaben unter Punkt 6 mit Pferde-Rechtsstreitigkeiten befasst. Was vielleicht auf den ersten Blick etwas verstaubt wirken mag, ist bei näherem Hinsehen ein blutjunger Senatsspross in der Geschichte des Hauses und erst in den ersten Jahren des 21. Jahrhunderts aus dem bereits lange bestehenden Senat für Arzt- und Tierarzthaftung hervorgegangen. Rund sechzig Streitfälle werden hier pro Jahr verhandelt: juristische Feinarbeit in Sachen Haftungsfälle, wenn etwa Untersuchungsfehler vorliegen und Pferde nach An- und Verkäufen auf einmal Mängel aufweisen, Tiere verletzt wurden und der Verdacht auf Obachtsverletzungen bei der Weidenhaltung besteht, oder Unfälle durch Ausbrüche der Tiere mangels Sicherung von Zäunen und Toren passieren. Nicht immer sind die Fälle einfach, oft schlimm, aber manchmal auch ein wenig kurios, wie beispielsweise der Fall eines Zuchthengstes, der nicht gekört, das heißt, nicht vom Verband zur Zucht zugelassen wurde. Der Besitzer machte Ansprüche geltend und beklagte, wie viel Geld ihm durch die Lappen ginge, da ja nun potentielle Nachkommen ausblieben. Der Fall zog sich lange hin, das Tier verstarb darüber vor Verhandlungsende und die Liste der fiktiven kleinen Hengste und Stuten wurde lang und länger…

Es war dies der erste equine zu verhandelnde Fall des derzeit amtierenden Präsidenten Peter Götz von Olenhusen, der den Vorsitz des Pferdesenates – im OLG-Sprachgebrauch tatsächlich das Bonmot dafür – führt und davon auch Ahnung hat. Sein Vater war Pferdezüchter, er selbst ist Reiter und durch die Reitanlage auf dem familieneigenen Gut bei Göttingen wie durch seine fundierte juristische Ausbildung gleichermaßen mit der Materie vertraut. Pferderechtsexperten gibt es einige in Deutschland und manch' bekannter „Pferdeanwalt", wie etwa der deutsche Dressur- und Vielseitigkeitsreiter Reiner Klimke, noch immer der siegreichste Dressurreiter der Welt, hat Beruf und Hobby einfach verbunden – er arbeitet als „Hippo-Anwalt" und Notar. Diese Fachjuristen, darunter auch die Celler Richter, die im Pferdesenat zu entscheiden haben, treffen sich jährlich auf dem deutschen Pferderechtstag, welcher wechselnd in verschiedenen Städten und damit hin und wieder auch in Celle stattfindet, wie beispielsweise der 12. Fachtag im März 2016. Die Themen, welche dabei vorgestellt werden und über die es zu debattieren und zu diskutieren gilt, klingen so vielfältig wie spannend und reichen von der Pferdeanlagenbetreiberhaftung über Pferdeleasing bis zum Pferdezuchtrecht. Ein Pferd im OLG? Ja! Zu sehen auf einem Glasfenster im Treppenhaus – direkt unter der darauf dargestellten Justitia!

Standort und Navigation: OLG Celle, Schlossplatz 2

25 Bomann-Museum I

Eine Reise durch die Zeit

Das Bomann-Museum in Celle, welches zunächst in seiner volkskundlichen Abteilung „Allereinfachstes und Alleralltäglichstes" zeigte, wurde 1892, zunächst an einem anderen Standort, als „Vaterländisches Museum" vom heutigen Namensgeber und Unternehmer, Wilhelm Bomann (1848–1926), mitgegründet. Der Spross einer Wollgarndynastie arbeitet zunächst einige Jahre in New York, bevor er die väterliche Firma 1877 übernahm und diese 1907 weiter verkaufte, um sich ganz seiner Sammelleidenschaft von bäuerlichen und hauswerklichen Gerätschaften zu widmen. Damit legte er den Grundstein für eines der bedeutendsten kulturgeschichtlichen Museen in Niedersachsen, welches seit 1907 seinen jetztigen Standort am Schlossplatz hat. 1907 eröffnet, wurde dieses als historistisches Bauwerk errichtet, in dem fast sämtliche Architektur- und Stilelemente, die in Celle zu finden sind, verarbeitet sind, was den Heidedichter Hermanns Löns zu der Aussage hinreißen ließ, das Gebäude „sei ein einziger Architekturpudding" – womit er nicht ganz unrecht hat. Das Museum präsentiert auf etwa 5000 Quadratmetern Ausstellungsfläche in sieben Rundgängen auf eindrucksvolle und teils ungewöhnliche Weise die Entwicklung von Stadt und Region von Anbeginn bis heute. Konzeptionell haben sich die KuratorInnen längst von den großen Sammlungen verabschiedet und stattdessen aktzentuierte Schwerpunkte mit Ober- und Sekundärthemen geschaffen. Eher sparsam als opulent dosierte Exponate rücken dabei das Leben und Wirken der Menschen in den Mittelpunkt. Jedem Rundgang ist in diesem Band ein Kapitel mit je einem Schwerpunkt in Sachen Exponaten gewidmet. Der erste Rundgang lautet „Celle und sein Umland: Eine Reise durch die Zeit". Er führt umfassend durch die Stadt seit Gründung 1292, über 1527, die Zeit, als hier die Reformation Einzug hielt, bis 1705, als das Ende Celles als Residenzstadt gekommen war (Beginn als Residenzstadt 1433). Es folgen die Jahre als Königreich, zunächst 1803 bis 1813 unter der Herrschaft von Napoleons Bruder Jerôme, danach wieder unter welfischer Ägide des Königs Ernst August. Ein Augenmerk gilt dem Revolutionsjahr 1848 sowie 1866, dem sich die Jahre als preußische Provinz und die Kaiserzeit bis 1914 anschließen. Den Jahren des Ersten und Zweiten Weltkrieges sowie der Weimarer Zeit dazwischen wird genügend Raum gewidmet, wie auch der Nachkriegszeit von 1945 bis 1949 und der Zeit seit 1950. Ein Exponat – ein äusserst wertvolles Schätzchen – fällt hier besonders ins Auge: Das Bildnis von Ernst dem Bekenner, Herzog zu Braunschweig und Lüneburg, der 1527 in Celle die Reformation einführte und Mitunterzeichner der Confessio Augustana, dem Bekenntnis der lutherischen Reichsstände, war. Herzog Ernst der Bekenner studierte 1512 an die Universität Wittenberg, möglicherweise ist er dort einst auch dem Reformator selbst begegnet. Das Ölgemälde mit dem Künstlerkürzel J. S. für Jost Stettner stammt aus der Werkstatt von Lucas Cranach dem Älteren (1472 – 1553), der seit 1505 als Hofmaler der sächsischen Kurfürsten in Wittenberg tätig war und zum Bildporträtisten jener Zeit wurde. Unzählige Bilder einstiger Reformatoren entstammten seiner Werkstatt, wie auch das wohl fast zur gleichen Zeit enstandene Bildnis (1531) des sächsischen Kurprinzen Johann Friedrich dem Großmütigem – es ist heute im Louvre in Paris zu finden!

Standort und Navigationen:
Bildnis im Bomann-Museum: Celle, Schlossplatz 7

26 Das Gut Andertenhausen

Rückzugsort eines gebrochenen Mannes

Seine erste Frau Charlotte war nach der Geburt eines toten Kindes 1811 gestorben, seine zweite Ehefrau Henriette hinterließ ihm nach ihrem Tod im Kindbett 1819 drei Kinder. Als der Oberst der Hannoverschen Legion in englischen Diensten, Heinrich Friedrich August von Anderten, im Jahr 1830 auch seine dritte und beinah zwanzig Jahre jüngere Ehefrau, die Hugenottin Caroline Auguste du Plat, nach der Geburt des vierten Kindes ebenfalls durch das Puerperalfieber (Kindbettfieber) verlor, brauchte er vor allem eines – einen Rückzugsort für sich und die sieben mutterlosen Kinder, die er fortan allein würde großziehen. Er besaß ein Stück Land in Wietzenbruch bei Celle, einen schmalen Streifen, den er bereits im Jahr 1828 erworben und urbar gemacht hatte. Nun ließ Anderten darauf eine einfache Strohhütte errichten, doch bald darauf gab er den Bau eines festen Hauses nach seinen Vorstellungen in Auftrag. Nach und nach wurde daraus ein Landgut mit Herrenhaus samt Türmchen und weiteren Gebäudeteilen, wie Scheunen und Ställen. Eine Besonderheit sollen die Schlafzimmer seiner Söhne gewesen sein, sie schliefen, darf man den Quellen Glauben schenken, in einfachen Kojen, die sich an den Wänden aneinanderreihten. An der steinernen Toreinfahrt wuchs eine Traueresche, eine prächtige Allee führte zum Gut. Der gartenaffine Oberst und spätere Major und Generalmajor legte zudem verschiedene Themengärten wie einen Erdbeergarten an, ließ Steinstatuen aufstellen und Lindenbäume anpflanzen und nannte den Besitz schließlich Andertenhausen, sowie die dazugehörige Feldmark Andertenhäusen.

Von Anderten, der ebenfalls ein Stadthaus in Celle besaß und eine aufwändige Haushaltung mit zahlreicher Dienerschaft betrieb, verbrachte den Rest seines Lebens die Sommermonate mitsamt Familie und Gefolge meist auf dem einsam gelegenen Gut vor den Toren der Stadt. Als der Witwer, aus hannoverscher Patrizierfamilie stammend, 1861 hoch betagt starb, hinterließ er seinen Nachkommen neben den Gebäuden über 160 Hannoversche Morgen Land (entspricht fast 42 Hektar) – von Wiesen, Holzung, Heideflächen und Ackerland bis zu den Garten- und Parkanlagen. Und obwohl der Oberst Wert darauf gelegt hatte, dass das Landgut als Familienbesitz erhalten bliebe, verkaufte sein Alleinerbe und Sohn aus zweiter Ehe, William von Anderten, Rittmeister in Hildesheim, das Gut ebenso wie das Stadthaus in Celle (heute Auktionshaus). Es folgten viele Besitzerwechsel, der Zahn der Zeit nagte zudem schwer an den Gebäuden. Seit 1995 indes ist das Gut (die Reste davon) Sitz der Gemeinnützigen Gesellschaft für therapeutisches Reiten und Heilpädagogik mbH und damit ein Zentrum mit Schwerpunkt tiergestützte Pädagogik. Hier werden betreuungsbedürftige junge Menschen ab acht Jahren behandelt. Daher sind auf dem Gut auch (wieder) Pferde, Schafe, Hahn und Hennen, Katzen und Hunde zuhause, zudem gehört ein Reitverein dazu.

Caroline Auguste du Plat erlangte übrigens in der Literatur eine gewisse Berühmtheit. Angeblich war sie die „schöne Frau von Celle“, von dem Dichter Heinrich Heine einst umschwärmt und bewundert. Demnach traf sie ihn auf Norderney und inspirierte ihn zu Texten wie beispielsweise seinen „Nordseebilder-Zyklen“ oder dem Gedicht „Das Lied ans Meer“.

Standorte:
Stadthaus: Celle, Bahnhofstraße 8
Gut: Celle, Andertenhäusen 29

27 Die Celler Alpen

Von Sandhügeln um Celle

Osterloher Alpen. Boyer Alpen. Sie mögen ein wenig hochtrabend daherkommen, aber so heißen sie nun mal, die Sanddünen rund um Celle, immer nahe der Aller gelegen und nach den nächstgelegenen Stadtteilen benannt. Sie sind für viele CellerInnen Kindheitskult und erinnern gern an winterliche Rodelpartien. Interessant ist doch aber die Frage: Weshalb haben wir hier rund um Celle diese geomorphologische Besonderheit? Schließlich verbindet man mit Sanddünen eher Küste und Wüste und keineswegs die Südheide, die, dem Zentralen Norddeutschen Tiefland zugehörig, zum Weser-Aller-Flachland zählt und eigentlich nur eine geringe Reliefenergie, sprich Höhendistanz, aufzuweisen hat. Wie sind diese Binnendünen also entstanden?

Die Celler Alpen zählen zu den sogenannten peri- und postglazialen Dünen, die sich am Rand sogenannter Urstomtäler erheben und teils recht steile Hänge vorweisen. Die Stadt Celle liegt im Urstromtal der Aller. Bereits 1929 schrieb der Wissenschaftler H. Werner über die Entstehung der äolischen (aus dem griechischen Aiolos = Gott der Winde, also durch Wind bedingt) Sedimentablagerungen:

„Ehe die Erdoberfläche durch eine Pflanzendecke geschützt war, konnte der Wind sein Spiel mit den abgetrockneten Sanden treiben, die ihm in großen Flächen preisgegeben waren. Zumal im Gebiet der feinkörnigen Talsande wirbelte er sie empor und wehte sie zu Dünen zusammen. Solche finden sich im Allertale zu beiden Seiten des heutigen Flussbetts zum Teil in mehreren Reihen und ziehen sich auch in die unteren Teile des Örtze- und des Fuhsetals."

Die Celler Alpen, teils über sechzig Meter hoch, entstanden am Ende der Weichseleiszeit (im Alpenraum Würmeiszeit genannt), also vor etwas mehr als 10.000 Jahren am Ende der letzten Kaltzeit im nördlichen Mitteleuropa und Nordeuropa. Die Temperaturen lagen damals etwa zehn Grad niedriger, es wuchsen kaum Bäume oder andere Pflanzen, die Gegend war wohl einer Tundra ähnlich. Die Windkraft konnte daher ungehemmt wirken und feine Bodenpartikel, vor allem Schluff (Korngröße etwa zwischen Sand und Ton) und Sand erfassen, aufwirbeln und an anderer Stelle wieder ablagern. Da Schluff leichter ist als Sand, flog dieser weiter und lagerte sich beispielsweise als Lössboden an den Rändern der Mittelgebirge ab, der Sand indes schuf vielerorts Flugsandflächen. Nach Ende der Eiszeit wurde es wärmer, die Vegetation schuf eine neue Decke aus Bäumen und vielen weiteren Pflanzen, der Sand blieb infolge des neuen Bewuchses liegen. Im Mittelalter indes wurde der Sandflug aufgrund der starken Abholzung wieder aktiv, schnell erkannte man jedoch, dass Bepflanzungen halfen, den Sand „festzuhalten", um vor allem einer möglichen Versandung der Städte entgegenzuarbeiten. In Celle beispielsweise wurde der Anbau von Weinreben am Nordufer der Aller zeitweise zur Bürgerpflicht, auch heute finden sich dort wieder Weinhänge.

Ob in Osterloh oder Boye, die „Celler Alpen" lohnen einen Ausflug. Und vielleicht erinnern Sie sich an Ihr Wissen zur Entstehung derselben (übrigens mit besonderer Artenvielfalt der Vegetation), wenn Sie mal darauf spazierengehen!

Standorte und Navigationen:
Osterloh: Langer Kamp entlang, nach Ende der Bebauung linke Seite
Boye: zwischen Aller, Heidloh, Hassell- und Witzlebenstraße
Weinhang: Celle, hinter Hotel Caroline Mathilde, Haus Am Weinhang, Alter Bremer Weg 37

28 Bälleholen in Garßen

Alter Brauch für junge Eheanwärterinnen

Seit Jahrzehnten gehört im Celler Ortsteil Garßen das Bälleholen zum Dreikönigstag (06.01. oder jedenfalls um den Termin herum) wie die Weisen aus dem Morgenland. Im 18. Jahrhundert war der bäuerliche „Fruchtbarkeitsbrauch" allerorts in der Heide mal mehr, mal weniger üblich und wurde meist im Frühjahr oder auch zur Erntezeit und vor allem von den Jungfrauen gefeiert. Auch wenn sich diese heutzutage eher Jungesellinnen nennen, das Ritual, bei dem mit Holzwolle oder Ähnlichem gefüllte Stoffbälle von ihnen in den Häusern Frischvermählter gesucht und in einem Umzug zu einem Festsaal getragen werden, ist geblieben. Bei einem Ball werden danach die Bälle „abgetanzt" und später wieder an die Finderin zurückgegeben. Die Jungfrauen mussten im darauffolgenden Frühjahr, sofern verheiratet und damit aus dem Kreis der jungen Mädchen ausgeschieden und in die Reihen der verheirateten Frauen aufgenommen, nun ihrerseits wieder einen Ball fertigen, verstecken und von einer neuen Jungfrau suchen lassen.
Früher hieß eine Ehe Abschied nehmen von den Spielen der Jugendzeit und Hinwendung zu vielerlei Pflichten. Die Bälle waren im Hinblick auf künftige Näharbeiten oft als Nadelkissen gearbeitet – die betroffenen Mädchen tauschten sozusagen den Ball mit dem Nadelkissen – und mit Bändchen, welche ihre Nähkunst demonstrieren sollten, mit Püppchen, Schnuller und anderen Babyaccessoires verziert, woran die heute noch an den Bällen angebrachten, manchmal fast zwei Meter langen Stofffetzen erinnern sollen. Die Aufgabe der neuvermählten Männer indes bestand darin, die passenden Stöcke zu fertigen, an denen die Bälle durch den Ort getragen wurden, um ihrerseits ihr Können im handwerklichen Bereich unter Beweis zu stellen.
Der Schützenverein in Garßen e.V. von 1891 hat sich dieser alten Tradition wieder verschrieben und es sich zur kulturhistorischen Aufgabe gemacht, den Brauch auch in heutiger Zeit zu erhalten, zu hegen und zu pflegen. Und wenn es wieder Zeit wird fürs Bälleholen, üben auch im 21. Jahrhundert die Garßener „Jungfrauen" schon bald ihr alt hergebrachtes Ballgedicht ein: „Guten Tag, junge Frau und junger Herr, wir kommen hier gegangen, unseren Ball zu empfangen. Wir wollen uns machen ein lustig Pläsier, es soll uns nirgends dran fehlen hier. Wir wollen schlachten zwei fette Schwein', ein polnischer Ochse soll auch dabei sein. Wir würden noch viel tüchtiger lachen, wenn uns die junge Frau eine Tasse Kaffee würde machen. Und sie würde sich gar nicht schämen, wenn sie den bestellten Ball nicht gäben, sonst würden wir den Allerliebsten mitnehmen. Und das würde doch eine harte Strafe für sie sein, wenn sie nun sollte wieder schlafen allein. Drum gebe sie, was wir verlangen, damit wir keinen Streit anfangen. Und habe ich meine Rede nicht recht gemacht, so hoffe ich, dass ich nicht werde ausgelacht. Denn gestern Abend, als ich wollte lernen und studieren, kamen die jungen Herren und taten mich vexieren. Da habe ich all mein Lernen und Studieren vergessen und habe den ganzen Abend bei den jungen Herren gesessen."

Standort und Navigation: Celle-Garßen
Weitere Infos: www.schuetzenverein-garssen.de/bälleholen-in-garßen

29 Stolpersteine

Ein Mensch – ein Stein – ein Schicksal

Die Kunstinstallationen „Stolpersteine" begann in den Neunziger Jahren des 20. Jahrhunderts und gilt weltweit mittlerweile als größtes dezentrales Mahnmal für Opfer des Naziregimes, die wegen ihres Glaubens, ihrer ethnischen Zugehörigkeit, politischen Gesinnung, sexuellen Ausrichtung oder Krankheit und Behinderung den Tod in den Vernichtungslagern, Krankenhäusern und anderen Stätten des Grauens fanden. „Ein Mensch ist erst vergessen, wenn sein Name vergessen ist", so steht es im Talmud. Es ist daher gemäß der jüdischen Tradition auch das Bestreben des Berliner Künstlers Gunter Demnig (Jg. 1947), mit Steinen und Schwellen an Namen und Schicksale der Betroffenen zu erinnern.

Das „Kunstprojekt für Europa" sind würfelförmige und stets in Handarbeit hergestellte Steinquader, die mit einer Messingplatte versehen sind. Sie messen 96×96x100 Millimeter und werden von dem Künstler selbst in der Regel vor dem letzten, selbst gewählten Wohnort im Gehweg niveaugleich und bündig eingelassen. Die Inschriften, die stets mit dem Hinweis „hier wohnte" (oder auch ... lebte, wirkte, arbeitete, lehrte, lernte, praktizierte ...) beginnen, informieren, soweit möglich, über Namen, Geburtsnamen, Geburtstag oder wenigstens Jahr, Geburtsort, Sterbedatum und Sterbeort, oft auch über Zeitpunkt und Ort, wann und von wo die Betroffenen deportiert wurden. Dazu gehören auch weitere Schicksalshinweise, wie „ermordet" oder „Flucht in den Tod". An manchen Orten, wie beispielsweise in Heimen, wurden auch Stolperschwellen mit entsprechenden Daten verlegt. Die Verlegungen werden noch immer recht kontrovers diskutiert. Manche meinen, die Opfer würden damit erst recht mit Füßen getreten, die meisten indes erfahren große Akzeptanz, darunter vor allem bei jüdischen Verbänden und Prominenten.

In Celle lebten 1933 etwa 23.000 Einwohner, davon waren siebzig bis achtzig jüdischen Glaubens, und es gab neun jüdische Geschäfte wie Schuhgeschäfte, ein Herrenmaßkonfektionshaus und große Kaufhäuser. Die ersten sechs Steine wurden hier 2004 verlegt – und waren damit die ersten auf niedersächsischem Gebiet. Auch im Cellerland in Hermannsburg ist ein Stein zu finden. Stadt und Kreis Celle gedenken damit ihrer ehemaligen jüdischen Mitbewohner, die hier gewirkt und gelebt haben – und im Stadtbild teils recht bekannt waren, wie der einstige Schützenkönig Julius Wexeler und seine Familie, die Juristenfamilie von der Wall, die Unternehmerfamilien Cussel und Rheinhold, die Handwerkerfamilie Feingersch, die Bankiersfamilie Daniel, die Kaufmannsfamilien Ruben, Meyer, Schickler, Schul, Löwenstein, Freidberg und Salomon oder die berühmte Bordellbesitzerin Jenny Schlüsselburg. Aber auch den nichtjüdischen Opfern wie politischen Gegnern, „Vaterlandsverrätern", oder jenen, die durch Rassenhygiene (in Hermannsburg) umkamen, wird damit gedacht.

In ganz Europa wurden bislang (Stand November 2015) über 55.000 Steine und fünfzehn Schwellen in 1.600 Orten verlegt – und es werden ständig mehr. In Celle und dem Cellerland sind bislang etwa fünfzig Steine zu finden.

Weitere Infos zu Standorten in Celle und dem Cellerland:
www.celle.de/Celle/Sehenswürdigkeiten/Stadtrundgang/Stolpersteine
App stolpersteine guide

30 Die bezauberte Rose

Vom Leben und Leiden des Celler Dichters Ernst Schulze

*„So kühlst du denn mit lauen Lenzesschwingen, Genesung, heut mir Brust und Angesicht,
und siegend steigt aus trüben Wolkenringen, ein klarer Mond, des Lebens heitres Licht.
Nicht kann ich jetzt zurück die Blüthe zwingen, die neubelebt aus voller Knospe bricht,
um wunderbar in lieblichen Gestalte durch alle Welt die Blätter zu entfalten."*

So lauten die ersten Zeilen der „bezauberten Rose" aus der Feder des Dichters Ernst Konrad Friedrich Schulze (1789 – 1817), einem romantischen Versepos in drei Gesängen und über 250 Strophen. Wer es einmal gelesen hat, weiß, wie sehr Schulze unter dem Verlust seiner großen Liebe, der unheilbar an Lungentuberkulose erkrankten Professorentochter Cecilie Tychsen, gelitten haben muss. Nie würde er ihren frühen Tod im Dezember 1812 verwinden, nie mehr so lieben, auch wenn er Cecilies Schwester Adelheid später ebenfalls mit seiner Zuneigung bestürmte. Fortan widmete der junge Celler Bürgermeistersohn und habilitierte Philosoph, der in jener Zeit an der Göttinger Universität als Dozent lehrte, sein Streben und Fühlen dem Andenken der Verstorbenen und schrieb seine Gedanken in „C(e)äcilie", einem weiteren umfangreichen Versepos, in jahrelanger Arbeit nieder – oft angeblich auf hohen Bäumen neben dem elterlichen Gartenhaus in Celle sitzend. Selbst am „Brustübel" erkrankt, meldete sich Schulze nach Veröffentlichung des ersten Gedichtsbandes 1813 zum freiwilligen Kriegsdienst und zog in die Befreiungskriege, welche bekanntlich 1815 der Vorherrschaft Napoleons hierzulande ein Ende setzten. Danach zerschlug sich die Hoffnung für ihn, jemals ordentlicher Professor zu werden, es fehlte ihm an Kraft und Ehrgeiz, was beides vonnöten gewesen wäre, um die Landesregierung von seinen Lehrfähigkeiten dauerhaft zu überzeugen. Er arbeitete stattdessen an der „Rose", deren Inhalt sich, wie sollte es anders sein, um die Liebe zu dem verlorenen Mädchen, Entsagung und Tod drehte. Noch zu Lebzeiten erlangte der Dichter in Künstlerkreisen daher große Bekanntheit auch über die Landesgrenzen hinaus.

Nach einer Wanderung im November 1816 bekam Schulze einen Blutsturz, sein gesundheitlicher Zustand wurde schlechter. Seine Stiefmutter holte ihn zum Sterben nach Hause. Im Juni 1817, kurz vor seinem Tod in Celle, erreichte den erst Achtundzwanzigjährigen noch die Nachricht, dass er mit seinem Epos „Die bezauberte Rose" den ersten Preis bei einem Preisausschreiben in Leipzig gewonnen hatte. Schulzes Werke wurden größtenteils erst posthum veröffentlicht. Bekannt sind bis heute einige seiner Texte, die von dem österreichischen Komponisten Franz Schubert zu Sololiedern mit Klavierbegleitung vertont wurden – sie gingen als die Schubertschen Schulze-Lieder in die Musikgeschichte ein. Auch Georg V., der blinde hannoversche König, hat 37 Lieder von ihm vertont.

Cecilies letzte Wohn- wie Ruhestätte sind noch zu finden, eine Gedenktafel erinnert an sie, ihre Totenmaske ist in einer Bibliothek in Göttingen verwahrt. In Celle sind die Spuren Schulzes zu entdecken: das Elternhaus mit Tafel über dem Eingang mitten in der Stadt sowie ein großer, einst von seinem Verleger gestifteter Grabstein auf dem Harburger Friedhof. Im August 2016 gründete sich in Celle die Ernst-Schulze-Gesellschaft.

Standorte und Navigationen:
Wohnhaus Schulze: Celle, Robert Meyer Platz 1
Gartenhaus Schulze: Celle, Lochteweg 9
Grabstätte Ernst Schulze: Celle, Hehlentorfriedhof, Harburger Straße, stadtauswärts linkseitig gelegener Teil
Grabstätte Cecilie Tychsen: Bartholomäus Friedhof Göttingen, Weender Landstraße
Wohnhaus Tychsen: Göttingen, Gotmarstraße 3

31 Die Weihnachtsmannschmiede

Wo auch das Christkind den letzten Schliff erfährt

Gibt es ihn oder gibt es ihn nicht? Diese Frage stellte die achtjährige Virginia O'Hanlon im Jahr 1906 an die Herausgeber der längst eingestellten Tageszeitung New York Sun – die Antwort darauf ist bis heute einer der am häufigsten abgedruckten Leitartikel in der Geschichte des Journalismus. Doch wer den Text noch nicht gelesen hat, dem könnte auch ein Anruf genügen, um eine klare Antwort zu erhalten. Unter einer Celler Telefonnummer nämlich meldet sich – der Weihnachtsmann höchstpersönlich. Noch heute gibt es viel für ihn und seine irdischen HelferInnen zu tun, und so wählt er diese nicht nur sorgsam aus, sondern bildet sie hier auch nach einem strengen Ehrenkodex aus. Interessierte, die aus vielerlei Ländern Europas kommen, lernen beispielsweise, dass ein Weihnachtsmann alle Kinder von null bis hundert und älter mag, Güte und Harmonie ausstrahlt, großzügig, freundlich, geduldig und ruhig ist und für jeden genügend Zeit hat. Auch kennt er die gängigen Gedichte, Geschichten und Weihnachtslieder und sorgt bei seinen Besuchen, die mindestens zwanzig Minuten dauern sollten, für eine frohe und festliche Stimmung. Zudem flucht der Weihnachtsmann niemals und isst, trinkt, raucht und telefoniert nicht im Kostüm (und im Beisein anderer Personen schon gar nicht), er ist stets korrekt gekleidet mit rotweißem Mantel oder Jacke aus Samt, Stoff oder Plüsch, schwarzer oder roter Hose, schwarzen Stiefeln oder anderem festen Schuhwerk und rotweißer Mütze oder Kapuze. Seine besonderen Kennzeichen sind ein goldenes Buch, Jutesack, Bart und weiße Haare. Natürlich trägt er auch keine Werbung auf seinem Kostüm. Und niemals hat er eine Rute dabei oder gar den Knecht Ruprecht, dieser ist schließlich der treue Begleiter des Heiligen Nikolaus', der seine Runden bekanntlich am 6. Dezember dreht!

Der Celler Weihnachtsmann entspricht in sämtlichen Punkten sowohl optisch als auch im Verhalten diesem Ehrenkodex! Willi Dahmen ist damit der perfekte Vertreter auf Erden und hat es sich zur Aufgabe gemacht, nachdem er viele „falsche" Weihnachtsmänner mit schlechten Manieren oder billigen Kostümen erlebt hat, kostenlose Schulungen anzubieten, damit in der Branche wieder alles mit rechten Dingen zugeht und nach alt hergebrachter Tradition gearbeitet wird. Auch Engel, Nikoläuse und Christkinder können in seiner Schmiede den letzten Schliff bekommen, bevor sie in halb Deutschland unterwegs sind. Dahmen und sein Unternehmen sind längst bundesweit bekannt, er wirkt in Werbefilmen großer Fluggesellschaften mit und sein Konterfei schmückt bekannte Magazine und Werbebeilagen. Derzeit sind über zwanzig Männer im Alter von Anfang zwanzig bis Ende siebzig in besonderer Mission bei Dahmens Vermittlungsagentur am Start. Dazu zählen auch zwölf Engel, meist junge Studentinnen, die, wenn nötig, auch mal in die Rolle des Christkindes schlüpfen. Die Arbeitszeit ist neben der Adventszeit natürlich an Heilig Abend von mittags bis etwa abends um zehn Uhr. Und danach dürfen die WeihnachtsmannhelferInnen ihr ganz eigenes Weihnachtsfest feiern – für Dahmen jedoch ist es das Schönste, anderen ein schönes Fest zu bescheren!

Infos zu Schulungen und Buchungen: www.weihnachtsmann-celle.de

32 Gaststätten in Celle 3

Von alten Ausspannwirtschaften, feinen Gasthäusern, historischen Schänken, fremden Küchen, gemütlichen Cafés, angesagten Szenelokalen und Kultkneipen

Die ersten „fremden" Restaurants hielten in Celle in den Siebzigerjahren Einzug. Viele Betreiber sind längst wieder in ihre Heimat zurückgekehrt, andere haben an neue InhaberInnen abgegeben oder den Staffelstab in der Familie weitergereicht, einige halten Celle indes noch immer eisern die Treue. Den Anfang machte 1970 das erste Chinarestaurant an der Aller, es folgten 1971 der „erste Italiener", Santa Lucia, und 1976 das griechische Restaurant Sieben Brüder. In den Tiroler Stubn können Sie seit 1996 auf Österreichisch und Bayrisch genießen. Das el sueño punktet seit 2011 mit spanischer Küche, Tapas – und mit der in Celle einzigartigen Kulisse des „Reibensteinhofes", um 1700 mit für Celle ungewöhnlicher, dreiseitiger und offenen Ballustrade erbaut und einst als Karosseriewerkstatt und Hofsattlerei betrieben. Die Hausseite gen Süden war einst Teil der Wallstützmauer, welche die Innenstadt früher umgab. Die Sushi-Bar Fuji Yama hat seit 2009 einen festen Platz in der Stadt und gilt selbst in Hannover als japanischer Hotspot. Tschechische Küche ist im Restaurant „Zum Schwejk" seit 1983 zu finden. Indische Speisen finden Sie seit 2005 im Taj Mahal. Im ehemaligen Wohnhaus des bekannten Dichters Ludwig Hölty, der einst zwei Jahre in Celle verbracht hatte, ist seit 2012 das vietnamesische Restaurant Wok & Roll zu finden. Fazit: Celle kann sich mit seiner Vielfalt an ausländischer Küche durchaus sehen lassen!
Das San Marino unter der Ägide der stadtbekannten und waschechten Italienerin und Hot-Pans-Wirtin Sylvia ist in zwei miteinander verbundenen Häusern zu finden, das rechts gelegene ist das ehemalige städtische Hebammen- und Entbindungshaus aus dem 18. Jahrhundert. Unterzeichnet wurde die „Verordnung wegen des künftigen Unterrichts der für das Fürstenthum Lüneburg bestimmten Hebammen im Cellischen Accouchir-Hospital" im St. James-Palast in London am 06.08.1784 von König Georg III. höchst persönlich. Heute kann man in den Räumen solide italienische Küche genießen.
Das Divino mit seiner Terrasse und dem unverbaubaren, wunderschönen Blick auf die Aller steht mit schönem Interrieur und mediterraner Küche in alter Gasthaustradition – in dem Haus war bereits 1860 die „Blühende Schifffahrt", Hotel und Kaffeegarten, ansässig.
Das „Winklers Lounge" ist für viele junge CellerInnen sozusagen zweites Wohnzimmer. Und in der Tat, im modern eingerichteten Bar & Grill-Treff mit rauchfreiem Loungecharakter lässt sich mit schmackhaften Cocktails und feinen Gratis-Knabbereien der Feierabend angenehm einläuten, gelobt wird allseits das freundliche Personal. Im Sommer kann man auch draußen sitzen. Das Pendant zum Winklers heißt Fachwerk und liegt nur wenige Gehminuten davon entfernt. Die Cocktails sind genau so gut, doch hier darf geraucht werden. Die Musik ist etwas lauter, an manch' besonders ausgelassenen Tagen wird auch schon mal getanzt. Viele CellerInnen sind sich darin einig: Beide Häuser sind „the best place in Celle to drink a cocktail".

Standorte und Navigationen:

Sieben Brüder: Celle, Altenceller Schneede 3
Santa Lucia: Celle Zöllnerstraße 35
Tiroler Stubn: Celle, Altencellertorstraße 9
El sueño: Celle, Südwall 5
Fuji Yama: Celle, Stechbahn 6
Zum Schwejk: Celle, Kanzleistraße 7 (Marktpassage)
Taj Mahal: Celle, Mauernstraße 34
Wok&Roll: Celle, Schuhstraße 22
San Marino: Celle Am Heiligen Kreuz 4
Divino: Celle, Fritzenwiese 39
Winklers Lounge: Celle, Schuhstraße 44
Fachwerk: Celle, Schuhstraße 25

33 Die Pfennigbrücke

Zwei Pfennige Brückenzoll für Liebespaare

Der Schriftsteller Hans Fallada hat den Allerübergang nahe der Stadtmitte, die so genannte Pfennigbrücke, literarisch verewigt. Häufig zu Besuch in Celle bei Großmutter und Schwester, fängt er in seinem Werk „Damals bei uns daheim“ die Stimmung ein, die ihn befiel, wenn er als kleiner Junge die Ferientage mit Spaziergängen über besagte Brücke und entlang der Aller, dem „Fluß der 1000 Quellen“, füllen musste. Er beschreibt darin, wie ihm auch das „ein- bis zweistündige Stillsitzen unter einem guten Dutzend alter Damen, ein gehorsames Antworten, das Trinken von Kaffee, den ich verabscheute ...“ stets bevorstand. Heute nutzen vor allem Jugendliche die Brücke im Sommer häufig als Ausgangspunkt für wilden Badespaß – eine nicht ganz ungefährliche Sache, da der Wasserstand besonders für Kopfsprünge oftmals viel zu niedrig ist. Auch wenn Vorsicht beim Baden geboten ist oder der kleine Fallada wenig Gefallen an den gemächlichen Unternehmungen der Großmutter fand, ein Spaziergang über die Brücke und dann weiter an den Allerwiesen entlang, gehört auch heute noch zu den schönsten Möglichkeiten des naturverbundenen Müßiggangs in Celle.

Lange gab es an der Stelle der heutigen Brücke für die Flussüberquerung nur einfache Holzbrückenkonstruktionen – oder einen kleinen Fährverkehr von Ufer zu Ufer. Diese Fähre war eine Schute, also ein Schiff ohne eigenen Antrieb, und lief an Drahtseilen, die über den Fluss gespannt waren, wie heute teils noch an der Elbe zu sehen. Um 1900 indes wurde eine Holzbrücke erbaut, die zunächst als schwimmende Fußgängerbrücke angelegt war. 1923 musste die Brücke – mehrfach von Hochwasser zerstört – abgebrochen werden, der Fischermeister Nölke übernahm die Rolle des neuen Fährmanns. Man berichtet davon, er habe zum Übersetzen nicht eine Schute, sondern den alten Backtrog seiner Großmutter benutzt, weil ihm dieser dafür am besten geeignet schien. Als wieder eine Brücke stand, betraten Fußgänger diese damals noch rechts neben der „Blühenden Schifffahrt“ (heute mediterranes Restaurant) und kamen aus der entgegengesetzten Richtung dort auch wieder ans sichere Ufer. Diese Brücke hatte sich damals der pfiffige Gasthausbesitzer Knoop, Wirt der „Schifffahrt“, ausgedacht. Er hatte die behördliche Auflage, die Brücke von fünf Uhr morgens bis abends 21 Uhr offenzuhalten sowie bei Hochwasser oder Eisgang zu schließen. Zur Überquerung musste man einen, später zwei und für hin und zurück drei Pfennige Wegzoll zahlen – eine lukrative Geldquelle, die übrigens noch bis 1942, als die Brücke in städtischen Besitz übergegangen war, galt. Daran erinnert seit 2014 ein Kunstwerk, von Jugendlichen und dem Verein atelier 22 angefertigt. Die Pfennigbrücke, so wie sie heute steht, wurde 1952 als Betonbrücke neu gebaut. Im Rahmen des Projektes LICHTART der Stadt bekam sie zur Hervorhebung eine bunte Illumination zum besonderen Akzent in der Dunkelheit. Licht in wechselnden Farben, zusammen mit den Reflektionen auf der Wasseroberfläche – ein optischer Reiz, bis die Birnchen defekt waren. Seitdem blinkt hier leider weder Licht noch Art noch sonst etwas in der Richtung. Der Stadt, so ist es aus dem Rathaus zu hören, fehle dafür das Geld. Was verliebte Paare kaum stören sollte – der Gang über die Brücke soll angeblich lebenslanges Liebes- und Eheglück bringen.

Standort und Navigation: Celle, Fritzenwiese / Theo-Wilkens-Straße

34 Bomann-Museum II

Das Bauernhaus

Der zweite Rundgang widmet sich „Rauch, Gestank und Plackerei" – dem harten und kargen Leben auf dem Lande und der damit verbundenen Mehrfunktionalität des Wohnstallhauses. Dazu wurde ein niedersächsisches Zweiständerbauernhaus, aus mehreren historischen Gebäuden wie etwa Balken aus dem Jahr 1571 vom Vollhof Narjesbergen (heute Teil des Truppenübungsplatzes zwischen Bergen und Hodenhagen) eingebaut, dessen Dach- und Deckenkonstruktion auf Stützen ruht und die Diele in Haupt- und Seitenschiffe unterteilt. Die Inszenierungen in der Diele, dem Fleet (offene Wohnküche mit Feuerstelle), der Vorratskammer und den Stallungen, zeigen typische Arbeiten in einem Bauernhaushalt wie Kochen, Spinnen, Waschen, Füttern, Schlachten, Melken, Buttern, Eggen, Dreschen und vieles mehr. Im hinteren Teil befindet sich das sogenannte Kammerfach mit den rauchfreien Wohn- und Schlafstuben, welche anschaulich mit einfachen Möbeln der Zeit wie Schrankbett, Wäschetruhe, Tisch und Stühle eingerichtet sind. Niedrige Decken, kleine Fenster sowie liebevolle Details wie buntes Bettzeug, eine Wiege, Strickzeug, Buch und Lesebrille, geben BesucherInnen das Gefühl von heimeliger Gemütlichkeit. Den Mittelpunkt des Hauses bildet die Feuerstelle, an einem Tisch nebenan sind appetitlich Speisen jener Zeit „angerichtet". Ein besonderes Stück: das Kornlagerfass. Es ist, aus einem Baumstamm gehöhlt, so schwer, dass zusätzliche Träger in den Fußboden eingebaut werden mussten.
Das „Stubenkonzept" umfasst auch das sogenannte Handorfer Zimmer, welches aus dem Dorf gleichen Namens zwischen Winsen/Luhe und Gestaacht stammt. Es besticht durch vielseitige Intarsienkunst aus der Winsener Elbmarsch sowie mit holländischer Fayence gefliesten Zimmerwänden, einst Schutz vor Feuchtigkeit. Das Inventar, zum großen Teil aus Kirchwerder Familienbesitz, datiert in die Jahre 1765 bis 1835. In dieser nostalgisch anmutenden Stube ist es möglich, ganz wie anno dazumal zu heiraten. Das Zimmer bietet Platz für maximal zwölf Gäste.
Auf fast jedem bäuerlichen Anwesen waren früher eigene Bienenvölker zu finden – bis der Rückgang der Heideflächen im 19. und 20. Jahrhundert der Imkerei beinah den Todesstoß versetzt hätte. Das Bienenzimmer widmet sich der Honiggewinnung und zeigt den Aufbau von Bienenkorbständen in der Heide, wo früher die Schwarmbienenzucht, auch Korb- oder Heideimkerei benannt, betrieben wurde. Überall standen (und an einigen Stellen stehen sie heute noch) die geflochtenen Körbe. In Celle gab es bereits im 16. Jahrhundert eine berufsmäßige Imkerei. Die Zeidler, auch Honigschneider und Honigsammler genannt, waren hoch angesehen, genossen besondere Privilegien und bildeten Zünfte, manche von ihnen trugen eine grüne Tracht mit langer Zipfelmütze und durften eine Armbrust bei sich führen. Die Zünfte lebten teils nach eigenen Rechtsbräuchen und jene mittelalterliche Gerichtsbarkeit hat streng genommen noch immer ihre Gültigkeit, nachzulesen in den vier unter Juristen als legendär bezeichneten „Bienenparagraphen", §§ 961-964 des BGBs, welche den Eigentumsverlust, die Vereinigung oder Vermischung von Bienenschwärmen sowie die Verfolgungsrechte der Eigentümer noch immer regeln.

Standort und Navigation:
Das Bauernhaus im Bomann-Museum: Celle, Schlossplatz 7

35 Die vergessene Künstlerin

Gerda Sautter de Hotzen

Die Notizen in der örtlichen Presse zum Abriss eines Schwesternhauses des Allgemeinen Krankenhauses (AKH) in Celle vor einiger Zeit sowie die Errichtung eines Klinikneubaus an selber Stelle, haben den Namen wieder in die Celler Öffentlichkeit gerückt: Gerda Sautter de Hotzen. An besagtem Schwesternhaus nämlich wurde vor Abriss ein Relief herausgefräst und gesichert, welches im Sommer 2015 im Innenhof der erbauten Klinik einen neuen Platz gefunden hat. Es zeigt eine „barmherzige Schwester mit Patientin" und stammt aus der Werkstatt besagter Dame, deren künstlerischer Nachlass im Celler Stadtbild mehrfach noch zu finden ist.

Zwei Reliefs beispielsweise zieren auch den Durchgang der sogenannten Wichmannbauten des Architekten Heinrich Wichmann, welcher in den Nachkriegsjahren als Pionier des Celler Wohnungsbaues galt. Weitere Reliefs namens „Vier Jahreszeiten" und „Prinzessin mit Froschkönig" sollen sich an Celler Grundschulen befinden. Gerda Sautter de Hotzen schuf zudem auch als Medaillen-Porträtistin viele Gedenkmedaillen, wie etwa für den ehemaligen Hamburger Bürgermeister Walter Dudek oder, hier in Celle, für den ehemaligen Kirchenmusikdirektor der Stadtkirche Fritz Schmidt (s. Kap. 91). Die Neugestaltung des „Schäferbrunnens" des westfälischen Bildhauers Bernhard Frydag (1879 – 1916) ist ihr ebenfalls zuzuschreiben. Der Brunnen stand von 1912 bis 1927 in der Altstadt. In den Vierzigerjahren wurde die Schäferfigur samt dazugehörigem Hund eingeschmolzen. 1955 bekam die Künstlerin den Auftrag, diese zu ersetzen und neu zu gestalten. Sie fertigte eine Skulptur aus Muschelkalk, die heute noch den Brunnen ziert.

Gerda Sautter de Hotzen (eigentlich Gerda Hotzen, geb. Sautter) wurde im Oktober 1921 in Diepholz geboren und war – wie die in Celle auch allseits bekannte Malerin Gisela Lusser – eine Tochter des Oberlandesgerichtsrates Julius Sautter, der sich wegen politischer Dissonanzen 1939 vorzeitig hatte in Ruhestand versetzen lassen. Sie studierte zunächst an der Staatlichen Holzbildhauerschule Empfershausen / Rhön. An der Landeskunstschule Hamburg wurde sie später Schülerin des von den Nationalsozialisten 1937 mit Arbeitsverbot belegten Bildhauers Edwin Scharff, dessen Werke in einer NS-Ausstellung mit dem Titel „Entartete Kunst" teils sehr verhöhnt worden waren.

1956 ging Gerda Sautter de Hotzen mit ihrem Mann Otto Hotzen, einem Kaffeepflanzer, den sie in Celle kennengelernt hatte, nach Chapas / Mexiko und lebte mit ihm bis zur Scheidung 1964 auf seiner Plantage San Carlos. Auch in Mexiko hat sie Spuren hinterlassen, wie in der Iglesia Evangélica Luterana de Habla Alemana en México. Nach ihrer Rückkehr ließ sie sich dauerhaft in der Residenzstadt nieder, absolvierte eine Ausbildung zur Krankenschwester und arbeitete schließlich als „Schwester Hotz" in der Infektionsabteilung am AKH in leitender Stellung. Die Künstlerin starb am 21. Dezember 2009 und hat auf dem Neuenhäuser Friedhof in Celle ihre letzte Ruhestätte gefunden. Vielen ist sie noch als passionierte Reiterin bekannt, wenn sie selbst noch als hochbetage Dame morgens im weiten Cape auf ihrer weißen Stute „Feder" unterwegs war. Wenige nur indes wissen, dass ihre Werke hier noch so präsent sind.

Standorte und Navigationen:
Relief Klinikum Wahrendorff: Celle, Schlepegrellstraße 4 (Innenhof)
Reliefs Wichmannbauten: Celle, Ludwig Hölty Straße 18 – 23
Medaille Schmidt: Celle, Kalandgasse
Schäferbrunnen: Celle, Arndtstraße (Triftanlagen)
Grab Friedhof Neuenhäusen: Celle, Kirchstraße 2

36 Der Reiherpfahl

Ein herzögliches Jagddenkmal

Es gehörte früher und gehört noch heute zu den großen Freuden mancher adliger Damen, regelmäßig zur Jagd zu gehen. Ob Parforce- oder Beizjagd, die Herzoginnen am Celler Hof beispielsweise galten als leidenschaftliche und erfolgreiche Falknerinnen. Diese besondere Form der Jagd, als Beizjagd (von beizen = althochdt. beißen) und unter Zuhilfenahme eines Falken oder eines anderen ausgebildeten Beizvogels, wie Adler, Habicht oder Bussard, bekannt, war bereits lange vor der christlichen Zeitrechnung besonders im asiatischen und arabischen Raum üblich. Doch erst infolge der Kreuzzüge wurde sie in Europa bekannt und erlebte ab dem Mittelalter, als sich Friedrich II. von Hohenstaufen (1194 – 1250) durch sein sechsbändiges Werk „De arte venandi cum avibus" als Kenner derselben outete, eine lange anhaltende Blütezeit. Besonders der Adel machte sich nun diese Jagdform, ein „fürnemb Handwerk", als Sport der Könige und Vergnügungsart der Aristokratie, zu Eigen.
Auch Dorothea, Prinzessin von Holstein-Glücksburg-Sonderburg-Glücksburg (1636 – 1689), Gemahlin des Celler Herzogs Christian Ludwig (Regierungszeit von 1648 – 1665) und nach dessen Tod in zweiter Ehe mit Kurfürst Friedrich Wilhelm von Brandenburg verheiratet (und deswegen in der Hohenzollerngruft im Berliner Dom bestattet), zählte zu den Frauen, die oftmals der Beizjagd nachgingen. Als die Prinzessin bei ihrer ersten „Reiherbeize" 1660 mit einem Edelfalken auf diese Weise einen Fischreiher gefangen hatte, war das für den Gatten Anlass genug, ihr zu Ehren einen sogenannten Reiherpfahl errichten zu lassen. Heute steht der Reiherpfahl im Celler Ortsteil Altenhagen und ist teils im Straßenpflaster eingemauert. Er wurde mehrfach versetzt und steht dort wohl ohne seinen ursprünglichen unteren Sockel, der mit dem oberen Abschluss einst fast identisch gewesen sein muss, so jedenfalls ist er auf alten Zeichnungen noch zu erkennen. Während der „Franzosenzeit" im 19. Jahrhundert wurde der steinerne Pfahl abgebaut und diente später als Toreinfahrt eines Bauernhofes, bis er schließlich wieder seiner eigentlichen Bestimmung als Denkmal zurückgeführt wurde.
Das Jagdgebiet des Celler Adels erstreckte sich damals kilometerweit in alle Himmelsrichtungen. Hof Tannhorst beispielsweise, heute Sitz einer Reitschule, war einst eine extra dafür eingerichtete riesige Reiherkolonie mit über 6000 Nestern. Was das für die Bevölkerung der Umgebung geheißen haben muss, dürfte schnell erklärt sein: Die Fischbestände in den Teichen gingen rasch gen Null und die Gegend war wohl ziemlich… naja, man muss es einfach so sagen… verschissen. Dabei war die Reiherjagd keineswegs notwendig zur Nahrungsbeschaffung, nein, sie diente nur der Zerstreuung. Die gefangenen Tiere bekamen, sofern sie die Beizattacke überlebt hatten, zur Markierung einen goldenen Ring um den Fuß gelegt und wurden danach wieder frei gelassen.
Der Legende nach soll der Reiherpfahl heute Wünsche erfüllen: Wirft man drei Steine von vorn hinauf und sie bleiben alle oben auf dem Kapitell liegen, wird ein besonderer Wunsch, wird ein Stein rückwärts geworfen und er bleibt liegen, ein spezieller Wunsch in Liebesdingen, in Erfüllung gehen.

Standort und Navigation:
Ecke Lüneburger Heerstraße (L191) / Am Reiherpfahl, stadtauswärts rechte Straßenseite

37 Das Celler Käfertreffen

Das große Krabbeln

Als im Jahr 1991 erstmals in Celle ein Käfer-Treffen stattfand, hatte wohl niemand wirklich damit gerechnet, dass es Jahrzehnte später noch immer zustande kommen würde. Die Konkurrenz ist in Deutschland schließlich so groß wie in halb Europa, umsofer" mit oder ohne geteilter Heckscheibe, als Champagner-Edition oder Silver Bug, mit Sonderfarben wie alpin oder eisblau, als World-Cup-Käfer, mit 24,5 oder als „Wolf im Schafspelz" mit 150 PS, mit unsynchronisiertem Getriebe, als Cabriolet oder Automatik – oder beides. Die Herzschlagfrequenz schnellt dabei rasch in pathologische Höhen! Aber was macht den Käfer nur zu solch einem Kultauto? Nüchtern betrachtet war er doch wie viele andere Autos auch nur ein Vehikel aus Blech, Glas und Kunststoff. Eine mögliche Erklärung: Er ist zum einen praktisch und funktional, zum anderen hat er mit seiner runden, eher weiblich anmutenden Form etwas Kuscheliges und Behütendes an sich. Zudem war er für fast alle erschwinglich. Das war eine Ansage damals, Autos besaßen doch nur Leute aus der Oberschicht, der Besitz eines Autos bis dahin war an Reichtum und Macht gekoppelt.

Heute ist der Käfer eine Art kollektives Gedächtnis auf Rädern. Beim Anblick fühlen sich viele sofort in die Fünfziger- und Sechzigerjahre zurückversetzt und damit in glückliche Kindheiten und aufregende Fahrten nach Italien, manch einer denkt dabei vielleicht auch an Abende im Autokino und wird von den Erinnerungen an die eigene Jugend eingeholt – eingedenk des ersten Kusses auf der engen Rückbank!

Der erste Wagen ging übrigens schon 1938 vom Band. Der Krieg verhinderte jedoch zunächst die Serienproduktion, erst im Sommer 1945 wurde der „Volkswagen" serienmäßig ausgeliefert, die ersten gingen an die Alliierten und die deutsche Post. Ab 1946 war er mit Bezugsschein für 5000 Reichsmark (heute etwa 17.000 Euro) zu haben.

Auch als US-Export war er schnell populär und so hatte er überm großen Teich bald seinen Spitznamen weg: Beetle oder Bug, Käfer eben. Ein Kultauto war damit aus der Taufe gehoben worden. Seitdem ist er bis 2003 über 21,5 Millionen Mal gebaut worden, der zuletzt produzierte Wagen ist als Exponat im Museum der Autostadt Wolfsburg zu sehen. Und – er lebt trotzdem! Denn so lebendig, wie es beim Celler Käfer-Treffen zugeht, sind ganz offensichtlich noch viele davon im Umlauf, liebevoll gehegt und gepflegt. Es sind Schätze eines Automobilzeitalters, das in Vergessenheit geraten würde, wären da nicht diese freundlichen Leute, die alljährlich mit ihrem Buckelporsche in Celle und auch anderen Orten einfallen und jeweils ein großes motorisiertes Krabbeln auslösen!

Und übrigens: Wenn mal was defekt ist – in der „Schnäppchen-Allee" finden Liebhaber bestimmt die passenden Ersatzteilchen!

Weitere Infos und Termine: www.kaefertreffen-celle.de; www.kaeferclub-celle.de
Standort: Rand der Innenstadt
Navigation Parkplatz: Celle, Schützenplatz

38 Das Kaiser-Panorama

Reisen durch die ganze Welt

Es war eine der größten Sehenswürdigkeiten um die Jahrhundertwende und die Sensation auf allen Weltausstellungen zu Beginn des ausgehenden 19. Jahrhunderts! Das Kaiser-Panorama räumte Medaillen ab, wurde von höchsten Stellen angepriesen und ausgezeichnet – und machte in den Städten Europas als „Kunst-Institut ersten Ranges" Furore. Die Menschen strömten in Scharen in die Etablissements mit den imposanten rotundenartigen Vorführapparaten, in denen es günstig so viel zu sehen gab: Bilderreihen von exotischen Tieren, fernen Landschaften, fremdartigen Menschen – kurzum alles, was die meisten niemals real zu Gesicht bekamen und dann auch noch alles so greifbar, nämlich in 3-D!

Die Stereofotografie mit einer zweiobjektivischen Kamera machte möglich, was bislang kaum denkbar war und brachte die große, weite Welt in ihrer Vielfalt zum Angucken in die eigene Heimat. Jede Woche gab es neue, handkolorierte Bilder, bald war dafür die indirekt durchschimmernde Polychromierung gang und gäbe, ein Verfahren, vom deutschen Physiker und Direktor der Zentrale für Kaiser-Panoramen in Berlin, August Fuhrmann (1844–1925), entwickelt. Es basierte auf rückseitig auf Mattscheiben aufgetragenen Pastellfarben, deren Wirkung durch Farbblenden aus Papier verstärkt wurde. Bis 1910 gab es um die 250 Kaiser-Panoramen, im Zentralverleih der Kaiser-Panorama-Direktion wurden rund 100.000 Aufnahmen in 2000 Serien verwaltet.

Celle erhielt im Jahr 1907 sein Kaiser-Panorama als Filialbetrieb von Berlin. Es stand am Brandplatz, Ecke Neue Straße. Trotz Konkurrenz durch mehrere Kinos hielt es sich bis zur Einführung des Tonfilms 1930. Danach wurde es, wie viele andere, abgebaut, zerlegt – und jahrzehntelang vergessen. 1985 wiederentdeckt, wurde sein Comeback zur 700-Jahrfeier der Stadt Celle 1992 wochenlang gefeiert. Heute steht es, wenig beachtet, nach einigen lokalen Irrungen und Wirrungen in einem Fotogeschäft in der Altstadt. Für wenig Geld können Sie darin auch heute wieder die Welt in 3-D gucken. Viele BesucherInnen erwarten zunächst wenig – und sind danach völlig begeistert. Es zeigt in wechselnder Folge Bilderreihen wie beispielsweise Städtebilder, Landschaftaufnahmen, Weltausstellungen, Industriegeschichte, Architekturdokumentationen, historische Ereignisse und Persönlichkeiten, Verkehrsmotive, Fotos aus der Arbeitswelt, oder das Reisewesen bis heute und ist regional- und zeitgeschichtlich gesehen ebenso interessant, wie der Blick in die Exotik von Fremde und Ferne.

Der wohl weltweit einzigartige Förderverein hat seinen Sitz in Celle, dem letzten noch aktiven Filialstandort der einstigen Großstadtzentrale. Durch den Verein wird das Wissen um die wundersame Technik des Kaiser-Panoramas behütet, das noch vorhandene Bildgut (heute circa 25.000 Bilder) aufbereitet und wieder nutzbar gemacht. Auch neue Aufnahmen werden erstellt. Mittlerweile gibt es nicht nur in Celle (wieder) ein Kaiser-Panorama, sondern in etwa zwanzig weiteren Städten, teils historisch, teils nachgebaut. Das Celler Gerät mit seinen alten, messinggefassten Optiken ist eine Rekonstruktion.

Kommen und sehen, riefen damals die Veranstalter die Leute auf großen Plakaten auf – daran hat sich auch heute nichts geändert!

Weitere Infos: www.kaiser-panorama.de
Standort: Celle, Schuhstraße 3

39 Gaststätten in Celle 4

Von alten Ausspannwirtschaften, feinen Gasthäusern, historischen Schänken, fremden Küchen, gemütlichen Cafés, angesagten Szenelokalen und Kultkneipen

Das Gasthaus „Zum Lindenhof“ wurde 1852 als Hofstelle erbaut. Seit 1888 als erster Restaurantbetrieb in Celle-Garßen eröffnet, ist die Nutzung als Gasthof seitdem bis zum heutigen Tag belegt. Einige Jahrzehnte, bevor das Haus 1912 an neue Besitzer veräußert wurde, hatte darin auch ein „Hokenhändler“, eine Art Kolonialwarenhändler, seinen Sitz – das alte Ladenfenster ist heute noch an der Hausfront zu sehen. Für die kleine Einwohnergemeinschaft ist der Lindenhof seitdem geselliger Dreh- und Angelpunkt im Dorf. Der Pächter ist übrigens der Urenkel des legendären Celler Eiskönigs (und damit vielfachen Liebesstifters) Alessandro Talamini, der 1911 als Zweiundzwanzigjähriger das erste Eisgeschäft in Celle eröffnete und dessen Eis auch Jahrzehnte nach seinem Ableben noch immer vielen CellerInnen in bester Erinnerung ist.
Über dem Eingangstor zum „Primavera“ ist heute noch das Wort Utspann zu lesen und weist auf jene Zeit hin, als hier die Auspannwirtschaft „Zum goldenen Engel“, seit 1809 als solche bekannt, betrieben wurde. Sie bestand bis 1973. Hier hielt auch der Pferde-Omnibus nach Bröckel und Wathlingen. Die Gaststätte gab es bereits 1698, sie galt als bedeutendes Gasthaus in der Innenstadt, bevor sie zur traditionsreichen „Utspanne“ wurde, welche in den Fünfzigerjahren des 20. Jahrhunderts noch FahrschülerInnen die warme Stube offenhielt. Wo einst die Durchfahrt zum Pferdestall war, ist heute die Gaststube eingerichtet – angeblich neben dem „Noepoli“, seit 2006 im Stadtteil Heese zu finden und nach der süditalienschen Stadt benannt, mit der besten italienischen Küche in ganz Celle. Aber davon gibt es bekanntlich viele, jede dieser Küchen hier ist für jemanden die „Beste“ und hat ihre ganz besonderen LiebhaberInnen!
Ganz in der Nähe liegt das Steakhouse Indiana, früher war es die Ausspannwirtschaft namens „Zum weißen Schwan“. Das Indiana mit seiner üppigen, der Prärie-Romantik entlehnten Dekoration ist Celles erstes Steakhaus (1989), die Philosophie des Hauses lautet: „Wer sich Steakhouse nennt, muss Steaks können.“ Und tatsächlich, das können sie!
Die „Raths-Weinschänke“ gilt als eine der ältesten und traditionsreichsten Weinstuben in Celle und liegt hinter der berühmten Weinhandlung Bornhöft (siehe Band 100 besondere Orte in Celle) in der Altstadt. Sie ist – trotz ihrer Größe oder besser wegen ihrer Kleinheit – ein Geheimtipp: zwanzig Besucher an zwei Tischen und dem Tresen, dann ist voll. Im Winter kann man sich am Kachelofen aufwärmen und dabei Kleinigkeiten wie hausgemachte Frikadellen, Salami oder Quiche essen, und vor allem einen erlesenen Tropfen genießen – es sind über dreißig Weinsorten aus Anbaugebieten weltweit im offenen Ausschank zu bekommen! In der warmen Jahreszeit lädt ein idyllischer Innenhof zum Verweilen ein.
Das „Alte Schützenhaus“ im Ortsteil Westercelle wurde bereits 1897 bewirtschaftet und ist seit Juni 1989 im Besitz der Celler Brauerei Betz. Während des Zweiten Weltkrieges diente der zeitweise auch als „Boyhan Teiken“ bekannte Dorfkrug und Treffpunkt der Schützen als Hilfslazarett und Flüchtlingslager. Und hier gibt es – logo – Celler Bier!

Standorte und Navigationen:
Zum Lindenhof: Celle-Garßen, Gersnethe 29
Primavera: Celle, Mauernstraße 22
Noepoli: Celle, Lauensteinplatz 5
Steakhouse Indiana: Celle, Mauernstraße 29
Raths-Weinschänke: Celle, Zöllnerstraße 29
Altes Schützenhaus: Celle, Mittelstraße 33

40 Von Hornshof zum Naturpark Südheide

Heideidylle im Celler Stadtgebiet

Hornshof ist ein winziges Dorf, etwa acht Kilometer nordöstlich außerhalb Celles an der Bundesstraße in Richtung Eschede gelegen. Es gehört noch zu Celle, genauer zum Celler Stadtteil Garßen und bestand lange Zeit aus kaum mehr als drei Höfen, später gab es noch eine Ausspannwirtschaft namens „Krug zum grünen Walde" oder Grünewald. Drumherum: nichts als Gegend – Heideflächen mit Wacholderbüschen, Sand, Teiche, alte Lehmkuhlen und kleine Flussläufe, Wälder, weite Moorlandschaften. Historische Verkehrsstraßen wie beispielsweise der Karrenweg (eine Straße gleichen Namens ist im Celler Stadtteil Vorwerk zu finden), heute Kärnerweg, oder die alte Poststraße nach Lüneburg führten damals westlich am Dorf vorbei. Der Dietweg, eine Nord-Südverbindung, verlief hinter Hornshof durchs Breite Moor Richtung Eschede und ist heute noch in Teilen die Straße zwischen den Celler Ortsteilen Garßen und Bostel. Der Dietweg findet bereits 1060 urkundlich Erwähnung und nannte sich auch Leute- oder Folkweg (Volksweg), weil er nicht nur von Fuhrleuten, sondern auch von Adligen, Händlern, Pilgern und Wallfahrern, die zu Fuß und zu Pferd unterwegs waren, genutzt wurde.

Heute fährt ein Bus nach Hornshof, idyllisch ist es da immer noch, auch wenn unzählige Autos täglich auf der L 191, auf der Sie bis hinter Parchim in Mecklenburg-Vorpommern gelangen können, vorbei brausen. Wenige Kilometer südöstlich von Hornshof liegt der Golfplatz, im Nordwesten sind die Vorwerker Fischteiche, Refugium des letzten Celler Berufsfischers, zu finden. Gehen Sie den Kärnerweg weiter nordwärts, erreichen Sie bald die Stadtgrenze von Celle, die zugleich die Begrenzung des etwa 480 Quadratkilometer umfassenden Naturparks Südheide darstellt, Teil des Naturparks Lüneburger Heide, dem ersten, größten und bekanntesten Naturpark in Deutschland überhaupt – und einst von Hermann Löns initiiert, der für manche Naturbegeisterte deswegen als einer der führenden Wegbereiter des Umweltschutzes gilt. Der Naturpark Südheide erstreckt sich zwischen Hermannburg im Westen, über den berühmten Wacholderwald und Faßberg im Norden sowie Weyhausen im Osten. Zwei „Südzipfel" ragen zudem bis zur B 3 bei Wolthausen und zur Lachte östlich von Lachendorf bei Jarnsen. Nach gut zehn Kilometern – es führen verschiedene Wege dahin – gelangen Sie schließlich „Zur Alten Fuhrmanns-Schänke", einem beliebten Ausflugslokal mitten im Naturpark Südheide, in dem man in idyllischer Umgebung auch übernachten kann. Ein möglicher Weg ist streckenweise auch Teil des 2014 als schönster Wanderweg Deutschlands ausgezeichneten Heidschnuckenweges. Dieser verläuft auf seinen insgesamt 278 Kilometern von Hamburg-Fischbek bis Celle (oder umgekehrt) über 84 km schmale Trampelpfade, 127 km Wald- und Wiesenwege, 52 km asphaltierte Wege / Dorfstraßen und 15 km Landstraße mit Fußweg auch quer durch den Naturpark Südheide. In Südrichtung führt dieser indes durch den Celler Ortsteil Scheuen sowie die Celler Stadtteile Groß Hehlen und Klein Hehlen bis zum Celler Schloss. Kennzeichnung des Heidschnuckenweges: Weißes H auf schwarzem Grund. Im Wald und auf der Heide, da such' ich meine Freude, so heißt es in einem alten Lied – und in Celle gibt es dafür viel Gelegenheit!

Standort und Navigation: Hornshof, Kärnerweg

41 Die sieben Brüder

Ein wenig Welfengeschichte

Im Celler Wappen ist auf einem gelben Schild ein Löwe, umsäumt von sieben roten Herzen, eigentlich stilisierte Seerosenblätter, dargestellt. Obwohl nachweislich dänischen Ursprungs, sagt der Volksmund, stünden die Herzen, da sie zwischenzeitlich auch mal verschwunden waren, wie etwa am Wappen des Westgiebel von 1603 am Rathaus zu sehen, sinnbildlich für sieben welfische Brüder. Sie schrieben Weltgeschichte:

Die Primogenitur (Erstgeborener tritt Erbe und Rechtsnachfolge an) war in welfischen Landen noch nicht eingeführt, als Herzog Wilhelm der Jüngere, der einst die prächtige Ausstattung der Celler Schlosskapelle in Auftrag gab (s. Kap. 22), im Jahr 1592 die Augen für immer schloss. Er hinterließ neben acht Töchtern sieben Söhne: Ernst, Christian, August, Friedrich, Magnus, Georg und Johann. Die Brüder beschlossen, dem (jeweils) Ältesten Besitztum und Regentschaft in Celle zu überlassen. Nacheinander regierten daher Ernst und nach dessen Tod Christian, diesem folgte August und ihm wiederum Friedrich. Sie wurden angeblich für ihre ungewöhnliche Eintracht in halb Europa bewundert.

Besitztum und Regierung innehaben hieß in dem Fall aber mitnichten die Linie fortführen zu dürfen – jedenfalls nicht im offiziellen, dynastischen Sinne. Hierüber bestimmten die Sieben im Losverfahren. Dazu wurden eine goldene und sechs silberne Kugeln verwendet – nach der goldenen griff der sechste Bruder, Georg, dem damit das Recht zufiel, legitime Nachkommen zu produzieren. Und so bekam Georg mit seiner Ehefrau Anna Eleonore von Hessen Darmstadt neben einer Tochter auch vier Söhne: Christian Ludwig, Johann Friedrich (eine Tochter wie eine Enkelin wurden später die Ehefrauen der Kaiser des Heiligen Römischen Reichs Deutscher Nation), Ernst August sowie Georg Wilhelm. Die beiden letzten sind einst wegen eines Brauttausches bekannt geworden und schrieben damit nicht nur Welfengeschichte: Georg Wilhelm, später Herzog zu Celle, sollte Sophie von Pfalz-Simmern, eine Stuart-Nachfahrin, heiraten. Dieser indes trat sie an seinen jüngeren Bruder Ernst August ab, den späteren Kurfürsten von Hannover, der die Braut bereitwillig zum Traualtar führte. Georg Wilhelm heiratete später in morganatischer Ehe seine hugenottisch-französische Herzensdame Èlèonore d' Olbreuse. Die gemeinsame Tochter Sophie Dorothea, später als „verbannte Prinzessin" bekannt, wurde mit dem ältesten Sohn von Ernst August und Sophie, Georg Ludwig, verheiratet. Bedingt durch die protestantische Thronfolge in England (1701: Act of settlement) wurde dieser 1714 als Stuartnachkomme Georg I. Herzog von „Kurhannover".

Ihre gemeinsamen Nachkommen sowie wiederum deren Nachkommen sind uns bis heute hinlänglich bekannt wie etwa: Elizabeth II. von Großbritannien, Königin Margarethe II. von Dänemark, Ernst August Prinz von Hannover, Großbritannien und Irland und derzeitiges Oberhaupt des Welfenhauses sowie Georg Friedrich Prinz von Preußen und derzeit Chef des Hauses Hohenzollern.

Die Bildnisse der sieben Brüder sowie eine aufschlussreiche Ahnentafel können Sie im Treppenhaus des Celler Schlosses bewundern.

Standort: Schloss, Schlossplatz 1

42 Das Wildbienenhotel in Groß Hehlen

Heimat der wilden Majas

Stechen können sie notfalls alle, egal ob wild oder nicht, doch während Honigbienen in der Regel in Schwärmen leben und einen Bienenstock ihr Zuhause nennen, sind Wildbienen eher scheue Einzelgänger – auch wenn sie sich manchmal ebenfalls zu Gruppen zusammenschließen. Wildbienen betreiben keine Brutpflege und produzieren keinen Honig. Zu ihnen zählen beispielsweise die schwarz-rote (oder seltener: metallisch glänzende) Sandbiene, die schwärzliche Holzbiene, deren Flügelchen violett schimmern, oder die Wollbiene mit ihrer wespenähnlichen Zeichnung. Sie suchen sich ihre Bleibe mal da, mal dort, etwa in Hohlräumen in Sand, in Pflanzen, Lösswänden, Feldwegen, Fugen alter Gemäuer, altem Holz und selbst in leeren Schneckenhäusern.

Die Wildbienen im Celler Ortsteil Groß Hehlen haben es besonders gut – ihnen steht für ihre Vorlieben ein ganzes Wildbienenhotel zur Verfügung. Es ist etwa dreieinhalb Meter breit und drei Meter hoch. Es bietet auf mehreren Ebenen sowie in verschieden verfüllten Gefachen Unterkünfte aller Art an, wie etwa in Holz, Schilf, Lehmkassetten, Lochziegel oder Totholz. Besonders beliebt sind die kleinen de luxe-Domizile bei den hiesigen Mauerbienen, wie etwa der gehörnten Mauerbiene (osmia cornuta), einer Art, die etwa 12–16 Millimeter misst und als höchst friedfertig gilt. Das Weibchen ist recht auffällig: der Körper ist tiefschwarz und der Hinterleib rostrot bepelzt. Es besitzt zudem am Vorderkopf zwei zwischen den Haaren versteckte Hörnchen – woher sich auch der Name ableitet. Auch die circa zehn Millimeter lange rote und ebenfalls gehörnte Mauerbiene (osmia bicornis), die durch ihre runde, leicht pummelige Gestalt gern mit einer Hummel verwechselt wird, ist hier zuhause. Das Hotel samt Lehrpfad entstand als Umweltprojekt der örtlichen Jugendfeuerwehr, die sich 2010 mit der Idee erfolgreich um Geld bei der Sparkasse bewarb. Diese schüttet regelmäßige Beträge aus dem Reinertrag der Lotterie „Sparen und Gewinnen" aus. Sponsoren halfen dann tatkräftig mit, stellten Räume, Material und Werkzeug zur Verfügung, um die Sache, an der etwa fünfzehn Jugendliche – meist an den Wochenenden – beteiligt waren, damit zu unterstützen. Im November 2012 war es dann soweit – das Wildbienenhotel auf der Gelände der evangelischen Kirche Sankt Cyriacus feierte Eröffnung und lädt seitdem zur Erkundung ein. Drei große Tafeln an der Rückseite geben Einblicke in das Leben seiner Bewohner und informieren beispielsweise über ihr Brutverhalten und ihre Aufgabe als Obstbestäuber.

Die zehn- bis sechzehnjährigen Mitglieder der Jugendfeuerwehr in Groß Hehlen haben hier einen wichtigen Beitrag zum Artenschutz geleistet, auch wenn es nicht ihre originäre Aufgabe ist, Bienen zu retten. Vielmehr werden sie – bis sie für die Einsatzabteilung alt genug sind – im Umgang mit feuerwehrtechnischen Geräten ausgebildet und lernen Fachspezifisches wie Erste Hilfe oder Knotenkunde und werden somit spielerisch auf den realen Einsatz und „Gott zur Ehr' – dem Nächsten zur Wehr" vorbereitet. Das Hotelprojekt indes gehört zur Kategorie „sinnvolle Freizeitgestaltung" der angehenden FlorianjüngerInnen. Super Idee – kann man dazu nur sagen!

Standort: Celle, Lange Straße zwischen Kirche und Gasthaus „Zur Riete“

43 Die Taufengel

Protestantische Besonderheiten in der Südheide

„Denn er hat seinen Engeln befohlen, dass sie dich behüten auf allen deinen Wegen, dass sie dich auf den Händen tragen und du deinen Fuß nicht an einen Stein stoßest."
So steht es geschrieben im 91. Psalm der Bibel und vielen getauften Christen sind diese Worte nur allzu vertraut – als persönlicher Taufspruch. Ist der Taufspruch allerorts in Deutschland gängiger evangelischer Brauch, er wird zusammen mit Namen und Datum im Kirchenbuch vermerkt, so selten sind noch Taufengel zu finden, welche in nachreformatorischer Zeit in weiten Teilen Norddeutschlands und Skandinaviens oftmals einst das Taufbecken ersetzten. In und um Celle herum sind heute noch mehrere zu finden – neben Celle in Eschede, Wieckenberg und Wienhausen. Auch in Hohnhorst, Sülze und Wathlingen sind Taufengel nachgewiesen, die derzeit jedoch nicht sichtbar aufgestellt sind.
Vermutlich tauchten die ersten Taufengel in Brandenburg und Ostpreußen auf, und sollen zunächst Schenkungen gewesen sein. Zeitlich werden sie im 17. und 18. Jahrhundert verortet. Die wohl eher aus regionalen Werkstätten stammenden und teils mannsgroßen Holzfiguren hängen in der Regel vertikal schwebend von der Decke herab. Sie halten eine Wasserschale – damit reichen sie symbolisch das Wasser zum Taufsakrament dar und verkörpern damit die Brücke zum Himmlischen – und werden zur Taufzeremonie mittels eines Seilzugs herabgelassen. Manche sind auch als stehende oder kniende Figuren und sogenannte „Beckenstemmer" gearbeitet. Wegen ihrer häufig androgyn wirkenden Darstellung umstritten und daher im späten 18. und im 19. Jahrhundert aus vielen Kirchenräumen verbannt, verfielen die Taufengel daraufhin in einen lang anhaltenden Dornröschenschlaf, bis sie in der zweiten Hälfte des 20. Jahrhunderts ihrer Bedeutung und Schönheit wegen teils wiederentdeckt wurden.
Der schwebende Taufengel in der Bonifatiuskirche, eine alte Fachwerkkapelle und im 20. Jahrhundert in den Celler Ortsteil Klein Hehlen transloziert, stammt aus der Zeit um 1700 und hält mit beiden Händen eine Taufwasserschale in Muschelform. Er ist eine Dauerleihgabe des Celler Bomann-Museums und kommt ursprünglich aus Ahlden. Man vermutet, dass die dorthin „verbannte Prinzessin" Sophie Dorothea (s. Kap. 1) die Spenderin gewesen sein könnte. Er wurde 1994 restauriert.
In der Eschedeer Johanneskirche ist ein Taufengel aus dem 18. Jahrhundert zu finden. Er hängt in der Mitte des Chores vom Gewölbe herab und hält einen Kranz, in dem wohl einst die zinnene Taufschale lag. Auch der an einer Stange schwebende Taufengel in der barocken Stechinelli-Kapelle in Wieckenberg, die von außen eher wie ein Bauernhaus mit Säulengang denn wie eine Kirche anmutet, könnte eine Spende des Gutsbesitzers gewesen sein. Der Engel hält mit ausgestreckten Händen eine Wasserschale in Muschelform fest.
In der ins 11. Jahrhundert datierte Sankt Marien Kirche zu Wienhausen halten zwei Engel, die ursprünglich als Altarschranken dienten, eine reich ornamentierte Taufschale fest, auf deren Boden die Taufe Christi dargestellt ist.

Standorte und Navigationen:
Celle: Bonifatiusstraße
Eschede: Osterstraße
Wieckenberg: Stechinellistraße
Wienhausen: Hauptstraße

44 Pour l'amour

Bühne frei für Liebeslieder

Es hat nicht sehr lange gedauert, bis sich Kai Thomsen und Sabine Roth mit ihren wunderschönen Interpretationen von Liebesliedern in die Gemüter der StadtbewohnerInnen gesungen haben – und sie tun es noch und längst nicht mehr nur in Celle. Seit sie 2002 das erste Mal gemeinsam als Duo auftraten und vor allem mit Jazz begeisterten, wuchs ihre Fangemeinde stetig – das beste Beispiel für ihren Erfolg: das Weihnachtskonzert 2015, das sie zusammen mit dem Chor der katholischen Grundschule bestritten und bei dem sie mühelos die Stadtkirche, in der gut und gerne tausend Menschen Platz finden, füllten.

Öffentliche Auftritte hatte Kai nicht im Sinn, als er Sabine, sozusagen Ur-Cellerin, erstmals mit ihrer Band singen hörte und sie danach fragte, ob sie nicht Lust habe, mit ihm zu musizieren. Doch es kam bekanntlich anders und nach ersten kleineren Auftritten musste auch schon bald ein eigener Duoname her. Dafür stand das Fernsehen Pate, oder besser gesagt, der damalige Newcomer Daniel Kübelböck, der in der ersten Staffel der Castingshow „Deutschland sucht den Superstar“ Ruhm und Erfolg suchte und allzu gern „Glamour pur“ ins Mikro hauchte. Daraus wurde „Pour l'amour“. Zugegeben ein wenig romantisches Zustandekommen des Namens, aber bekanntlich ist ja der Inhalt entscheidend!

Das Repertoire des Duos umfasst heute vor allem deutsche und internationale Chansons, Kabarett, Comedy, Filmmusik, Jazz, so genannte „UFA-Schlager“ sowie weltweit bekannte Weihnachts- und Winterlieder – aktuelle und nostalgische Arrangements bis zurück ins Jahr 1910. Der Schwerpunkt liegt dabei auf den Zwanziger- bis Vierzigerjahren des 20. Jahrhunderts. Da ist von den Comedian Harmonists ebenso etwas zu hören wie von Zarah Leander, Claire Waldoff, Heinz Rühmann, Nate King Cole, Gilbert Becaud, Hildegard Knef oder Axel Prahl, dem allseits bekannten Tatortkommissar aus Münster, der ganz nebenbei auch richtig gute Musik macht. Unschlagbar und immer wieder auf den ersten Plätzen der Downloadcharts: Die zarten Gitarrenvariationen von „Drei Nüsse für Aschenbrödel“. In der kalten Jahreszeit beliebt sind zudem die Klassiker „Schneeflöckchen, Weißröckchen“ oder „Leise rieselt der Schnee“ – in rockig adaptierten Versionen, die dennoch zum Mitsingen animieren.

„Wir möchten vor allem Atmosphäre kreieren“, ist das Anliegen von Gitarrist und Sänger Kai Thomsen, im wahren Leben Geschäftführer in Celle, Ehemann und Vater von zwei Kindern, und von Sängerin Sabine, in Hannover ansässig und als Damenschneiderin tätig.

Atmosphäre gelingt den Beiden mühelos, doch sicherlich ist auch ein Teil ihres Erfolges den Begleitmusikern zuzuschreiben, manche von ihnen sind seit Anbeginn mit dabei, wie etwa der in New York lebende Kontrabassist Peter Schwebs.

Das Duo gehört längst zum festen Bestandteil norddeutscher Musikkultur und gibt etwa dreißig Konzerte im Jahr – bis maximal hundert Kilometer im Umkreis um Celle entfernt. Wer es nicht zum Konzert schafft, sollte sich wenigstens mal die CDs mit so vielversprechenden Titeln wie „Illusionen“, „Küss mich“ oder „Let it snow“ gönnen!

Infos und Termine: www.pour-lamour.de

45 Gaststätten in Celle 5

Von alten Ausspannwirtschaften, feinen Gasthäusern, historischen Schänken, fremden Küchen, gemütlichen Cafés, angesagten Szenelokalen und Kultkneipen

Die „Alte Bier- und Weinschänke“, lange Zeit fest in dänischer Hand, gilt mit ihren 52 Quadratmetern als kleinstes Trinklokal, das dazugehörige Hotel als eines der kleinsten in ganz Deutschland – je ein EZ und DZ auf zwei Etagen – und hat mehrmals Eingang in die gängige Reiseliteratur über Celle gefunden. Hier kehren Fachwerkromantiker aus aller Welt ein, Kartengrüße von Gott weiß woher hängen hinter dem Tresen. Aber auch Einheimische stranden gerne hier: erst in der Gaststube, später in einem der Zimmer – vor allem, wenn sie zu später Stunde vergessen haben, dass sie ja eigentlich mit dem Auto unterwegs sind. Nur frühstücken müssen sie woanders. Direkt nebenan liegt das Hotel-Restaurant zur Glocke, es hat nur ein Zimmer mehr.

Das Restaurant Mediterrano folgte 1996 der legendären L'auberge, dem feinen Szenerestaurant der Achtzigerjahre im Celler Stadtteil Boye. Hier schwang einst Monsieur Priol, heute Besitzer des Findelhofs in Bockelskamp (bekannt unter anderem für Kleinkunstveranstaltungen, Weinfeste sowie besonders stimmungsvolle Floh- und Weihnachtsmärkte) den Kochlöffel, hier verkehrte in den besten Zeiten tout Celle. Die Geschichte des Hauses als Gasthaus „Zur grünen Eiche“ indes begann bereits 1776. Heute dominiert griechisches Essen sowie Mittelmeerküche die Speisekarte.

1909 eröffnete auf dem Gelände des einst berühmten Kettembeilschen Etablissements – einem Kaffee- und Ballgarten – das Veranstaltungshaus Congress Union. Es bot Theater- und Konzertsäle, Wandelhalle, Club- und Gesellschaftsräume sowie einen großen Konzertgarten. Während der britischen Besatzungszeit traten hier Künstler wie Zarah Leander (s. Kap. 73), Bob Hope oder Marlene Dietrich auf. Zum Etablissement gehörte auch das spätere feine Wintergarten-Restaurant. Es heißt heute Thaers Wirtshaus und ist nach dem großen Sohn der Stadt, Albrecht Daniel Thaer, Leibarzt des hannoverschen Kurfürsten und englischen Königs Georg III. benannt. Im Sommer lockt der kleine Biergarten mit denkmalgeschütztem Pavillon.

Der Allerkrug kann auf eine lange Geschichte zurückblicken. 1589 wurde der Hof als Krugwirtschaft erstmals in einem Viehschatzregister erwähnt und seitdem von „Krügerfamilien“ (Krüger = Krugwirt) betrieben. Das Anwesen war völlig runtergewirtschaftet, als 1978 eine Fleischerfamilie das Anwesen erwarb. Diese erweckte es als gastronomischen Dorfmittelpunkt mit solider und gutbürgerlicher Küche, welcher wegen der besonders guten Fleischqualität bald ein ausgezeichneter Ruf vorauseilte, zu neuem Leben. Bald war das Gasthaus besonders bei den CellerInnen beliebt, die an den seinerzeit meist noch freien Mittwochnachmittagen die Zeit für einen Ausflug nutzten und im Altenceller Dorfkrug einkehrten. Seit 1994 ist der „Allerkrug“ in der Hand der Familie Hütten und in Sachen Kulinarik stetig wachsend zu einer der besten Adressen in Celle geworden. Hier können Sie nicht nur gepflegt speisen, sondern auch Kochkurse belegen oder sich mit Produkten aus der hauseigenen „Lebensmittelmanufaktur“ eindecken.

Standorte und Navigationen:
Alte Bier- und Weinschänke: Celle, Piltzergasse 9
Zur Glocke: Celle, Piltzergasse 8
Mediterrano: Celle, Winsener Straße 10
Thaers: Celle, Thaerplatz 1
Allerkrug: Celle, Alte Dorfstraße 14

46 Das Celler Silber

Huldigungspokale und andere Schätze

Über das Celler Schloss gibt es viel zu erzählen, sei es über barocke Brunnenplatten, die alte Pferdetränke im Innenhof, den mittealterlichen Rittersaal oder die Schlossküche aus dem 19. Jahrhundert mit ihrem für damalige Verhältnisse geradezu hochmodernen Interieur. Keinesfalls jedoch sollte neben der Schlosskapelle (s. Kap. 22) das Residenzmuseum fehlen, welches auf sehr interessante Weise die Entwicklung von der mittelalterlichen Burg zum barocken vierflügeligen Schloss demonstriert. Die Präsentation schließt eine bedeutende Silbersammlung ein wie beispielsweise prunkvolles Tafelgerät – Zeugnis norddeutscher Handwerkskunst auch aus den Werkstätten der seit über 400 Jahren bestehenden Zunft der Celler Gold- und Silberschmiede. Doch es waren nicht diese Werke, welche vor einigen Jahren für Furore in der Stadt sorgten, sondern Meisterwerke aus anderen Werkstätten, die einst den Weg in die Silberkammer der Celler Herzöge fanden, was durch ein 1706 abgefasstes Inventar bestens belegt ist: silbervergoldete Huldigungspokale – der Inbegriff kostbarster und feinster Repräsentationsobjekte und herrschaftlicher Machtdemonstration. Oft wurden sie anlässlich eines Regierungsantritts überreicht und vom neu inthronisierten Fürsten anschließend glanz- wie prunkvoll zur Schau gestellt.
Zwei davon sind auch in Celle zu sehen: Ein 113 Zentimeter hoher Huldigungspokal wurde Mitte des 17. Jahrhunderts vom Lüneburger Silberschmied Nicolas Siemens hergestellt. Der Pokal gilt als Präsent der Hansestadt 1666 an Herzog Georg Wilhelm. Ein Tischbrunnen war 1649 das Geschenk des Amtes Bodenteich an Herzog Christian Ludwig, in der Werkstatt des Hamburger Silberschmieds Evert Kettwyck hergestellt. Durch einen Saugmechanismus floss Wein oder mit Rosenwasser parfümiertes Wasser durch eine mit Weinranken umkränzten Mittelsäule und spritzte dann durch die Brüste der Figuren, welche die Elemente Feuer, Wasser, Luft und Erde darstellen.
Lange galten diese Pokale, sie stammen nachweislich vom Celler Hof, als verschollen, bis sie 2009 wiederentdeckt und zusammen mit einem weiteren, der mittlerweile in Braunschweig ausgestellt ist, auf der Versteigerung der Sammlung Yves Saint Laurent/Pierre Bergé in Paris vom Land Niedersachsen erworben werden konnten. Diese Rückkehr der kostbaren Celler Welfenpokale nach 300 Jahren an ihren ursprünglichen Ort gleicht einer kleinen Sensation, ermöglichen sie doch die Bedeutung der Celler Residenz und ihre Ausrichtung an den höchsten Ansprüchen europäischer Hofkultur jener Zeit anschaulich darzustellen. Nach Ende der Residenzzeit 1705 mit dem letzten Herzog Georg Wilhelm „wanderten“ sie nach Hannover, von dort gelangten sie über Großbritannien, zurück nach Hannover und ins Exil nach Wien, wo sie im frühen 20. Jahrhundert verkauft wurden. Mittlerweile ist bekannt, dass weltweit noch etwa dreißig Objekte aus der Celler Silberkammern, teils in Museen und Privatsammlungen in Europa und Amerika und teils mit unbekanntem Ort, erhalten sind.

Standort und Navigation: Residenzmuseum Celle, Schlossplatz 1

47 Club Freedom

The Party!

Club Freedom, das ist keine wehmütige Erinnerung an die Achtziger oder gar eine generelle Reminiszenz an die Vergangenheit, es ist auch nicht Kult ewig Gestriger und auch keine Institution. Nein, es ist oder besser ist wieder schlicht und ergreifend eine Weltanschauung. Unzählige verbinden mit dem Club Freedom, der ehemaligen Diskothek im Stadtteil Altenhagen, ihre Jugend, erinnern sich an heiße Rhythmen unter den legendären Tarnnetzen, den richtigen Beat, ihre ersten Erfahrungen in Sachen Alkohol, den ersten Kuss und die große Liebe. Da lümmelten sich Alte und Junge gleichermaßen auf alten Sofas und Kinosesseln und legten in den Tanzpausen die Füße zwischen die brennenden Kerzen auf die Holztische. Vom minderjährigen Schüler (die Ausweise wurden eingesammelt und um zehn Uhr abends war Schicht) in lila Latzhose und Clogs oder langhaarigen Abiturienten bis zum Oldie in Jeans und Parka, alle wollten die wummernden Bässe in der Brust spüren. Die Schlange vor der Kasse reichte bis auf die Straße hinaus, nicht selten kamen an einem Abend 1000 Leute zusammen. Die Stimmung war lässig, das Licht schummrig, die Luft vom vielen Rauch zum Schneiden dick und der Boden dreckig – Patina einer kulturellen Identität jenseits des Mainstreams mit Abba und Popperfrisur. Hier tanzte man, allein, mit wippendem Schopf und auch schon mal zu psychedelischen Klängen, zu Zappa oder Bob Marley. Der englische Bluesmusiker Alexis Korner trat auf, ebenso die Ostberliner Rockband Karat, aber auch Lake, Novalis oder Spliff (ehemalige Nina-Hagen-Band), die Oldienächte mit Hits der Sechziger waren legendär. Es war die Zeit der VW-Bullis und Atomkraft-Nein-Danke-Aufkleber und von Camping in Skandinavien. Die DJs heizten ohne Lichtorgelgeblinke mittwochs bis eins, freitags und samstags bis drei in der Nacht ein, einer von ihnen war Klaus Wiswe, heute Landrat des Celler Landkreises. „Der Eintritt kostete eine Mark“, erinnert er sich. Er war von Anbeginn dabei. Das war etwa 1979 und der Landrat noch ein junger Student der Jurisprudenz in Göttingen, der zugleich als Geschäftsührer und dabei – wie er bemerkte – als „ziemlich autoritärer Sack“ fungierte, wie etwa in Sachen Drogenbekämpfung. Mit dem ersten juristischen Staatsexamen war für Wiswe Schluss. 1996 dann für alle – Parkplatzprobleme, Beschwerden der Anwohner. Lange blieb es dann still um das Freedom, bis 2007 der Bruder des Landrates das Revival einläutete – nicht mehr in Altenhagen, sondern in der CD-Kaserne, Relikt der Kaiserzeit und heute Kultur- und Jugendzentrum der Stadt. Wenn es nun wieder mehrmals im Jahr ab 21 Uhr in Celle „Club Freedom. The Party!“ heißt, dann lässt sich auch Klaus Wiswe nicht lumpen und legt gern mal persönlich am Plattenteller auf – und genießt den Rollentausch.

Das Party-Fazit: Der Spirit lebt – und zwar noch immer wie zu alten Zeiten mit frischem Blonden von der originären Theken-Crew, mit Altbierbowle aus Kellergeister, Altbier und Dosenerdbeeren, Bachmann und Classicrock! Und selbst der Eintrittpreis ist mit fünf Euro noch vergleichsweise günstig, auch wenn das umgerechnet nun das Zehnfache ist. Aber ist ja schließlich alles auch schon eine Weile her, oder? Übrigens ist auch der Keller-Discokult vom Le Freak, einst Mauernstraße, wieder zum Leben erwacht …

Standort und Navigation: Celle, Hannoversche Str. 30 b
Termine: www.cd-kaserne.de

48 Bomann-Museum III

Eine Region im Wandel

Der dritte Rundgang im Museum widmet sich dem Thema Heide-Honig-Hightech: Eine Region im Wandel. Die Landwirtschaft hat eine besondere Bedeutung in der Kulturgeschichte des Stadt- und Landkreises Celle. Stellvertretend für die gesamte Ausstellung finden Sie hier daher das Porträt des Mannes, der die Landwirtschaft in Deutschland nachhaltig verändert hat: Albrecht Daniel Thaer. Geboren in Celle, studierte Thaer in Göttingen Medizin, praktizierte danach in seiner Heimatstadt als Mediziner und veranlasste hier die erste Massen-Pockenimpfung. Doch sein Herz schlug heftig für die Landwirtschaft und abends, wenn die Kranken versorgt waren, zog es ihn auf seine Felder. 1802 legte er daher an der Aller ein landwirtschaftliches Mustergut an, sozusagen das erste deutsche landwirtschaftliche Lehrinstitut. Sein Ziel: Die zu jener Zeit als fortschrittlich geltende englische Landwirtschaft sollte auch hierzulande Fuß fassen. Dazu zählte für ihn auch die Abschaffung der Brache (Feld, welches nach zweijährigem Anbau ein Jahr ungenutzt bleibt) zugunsten der Fruchtwechselwirtschaft zwischen Halm-, Blatt- und Hackfrüchten, mit der er bald gut wirtschaftete. Ebenso revolutionierte er die Schafzucht, was ihm den Titel „Wollmarktkönig“ eintrug. 1798 erschien Thaers erstes Buch zum Thema, „Einleitung zur Kenntniss der englischen Landwirthschaft und ihrer neuen praktischen und theoretischen Fortschritte in Rücksicht auf Vervollkommnung deutscher Landwirthschaft für denkende Landwirthe und Cameralisten“. 1800 veröffentlichte er den zweiten, 1804 den dritten Band dazu. Im gleichen Jahr hängte Thaer, längst verheiratet und mehrfacher Vater, den Arztberuf an den Nagel, wechselte in preußische Dienste und richtete ein weiteres Gut ein. Hier entwickelte er seine Grundsätze zur Rationalisierung und legte damit den Grundstein der modernen Agrarwissenschaft in Deutschland. 1810 erhielt er eine Professur in Berlin. Thaer war Autor und (Mit)Herausgeber von über 400 Schriften. 1811 wurde ihm die Ehrenmitgliedschaft der Leipziger Ökonomischen Societät verliehen. Im Oktober 1828 starb der „Vater der Landwirtschaft“. Seine Spuren sind in Celle indes noch allerorts zu finden – egal ob Wohnhäuser, Bibliothek oder Denkmal. Im Thaerschen Gut ist heute eine Stiftung (s. Kap. 49) ansässig, ein alter Erdkeller ganz in der Nähe erinnert noch an die einstige Nutzung. Deutschlandweit wurden ihm Ehrenbekundungen zuteil und Straßen, Plätze, Schulen und weitere Institutionen nach ihm benannt; er wurde auf Geldscheinen und Briefmarken geehrt. Seit 1952 forscht die Albrecht-Thaer-Gesellschaft auf agrarwissenschaftlichen Fachgebieten und sichert somit auch sein Andenken in Celle. 2009 wurde die Albrecht-Daniel-Thaer-Stiftung in Möglin gegründet, welche es sich zur Aufgabe macht, ebenfalls das Andenken an Thaer – in Brandenburg – sichern. Dazu gehören unter anderem in Teilen das denkmalgeschützte Thaersche Gut, Büste und Grabstätte. Selbst Dichtervater Goethe hatte für Thaer zum goldenen Jubiläum dessen Doktorwürde in einer Rede einige Worte übrig:

Wer müht sich wohl im Garten dort und mustert jedes Beet.
Er pflanzt und gießt und spricht kein Wort, so schön auch alles steht.
Gewiss, ihr fragt nicht, wie er heißt – sein Name lebe fort!

Standorte und Navigationen:

Zu Thaer im Bomann-Museum: Celle, Schlossplatz 7
Gut: Celle, Im Güldenen Winkel 8
Geburtshaus: Celle, Schuhstraße 26
Wohnhäuser: Celle, Poststraße 7 und Runde Straße 3
Café KräuThaer & KräuThaer Laden: Celle, Wittinger Straße 76
Bibliothek der Königlichen Landwirtschafts-Gesellschaft: Archiv der Stadt Celle, Westerceller Straße 4

49 Die Stiftung niedersächsische Gedenkstätten

Erinnern und Bewahren

Schwere Tage, schwere Zeit, keinem ist die Wahl gegeben.
Letzte Tage, Dunkelheit. Bringt ihr Tod oder das Leben?

Der Verfasser dieser Zeilen war der tschechische Schriftsteller, Maler und Fotograf Josef Čapek. Im April 1945, wenige Tage vor Kriegende, starb er im Konzentrationslager Bergen-Belsen – eines von Millionen Opfern des Nationalsozialismus. Diesen Menschen gedenken, ihre vielfältigen Biografien entschlüsseln und erforschen, ihren Erinnerungen und Zeugnissen Raum geben, diese dokumentieren und zugänglich machen, das alles ist die Aufgabe der 2004 gegründeten Stiftung niedersächsische Gedenkstätten. Sie möchte davon ausgehend Orte der Verfolgung als Zeugnis der Geschichte erhalten, das Wissen über den Nationalsozialismus, seine Ursachen und Folgen mehren und vermitteln sowie die historisch-politische Bildung fördern und zur Reflexion auf die Gegenwart anregen. Eine zentrale Aufgabe der Stiftung als Trägerin der Gedenkstätte Bergen-Belsen und der Gedenkstätte in der JVA Wolfenbüttel ist auch die Weiterentwicklung und Förderung von weiteren Gedenkstätten und Initiativen zur Erinnerung an die nationalsozialistischen Verbrechen in Niedersachsen. Dazu zählt etwa die Neugestaltung der Gedenkstätte Bergen-Belsen mit dem 2007 neu eröffneten Dokumentationszentrum, welche jedes Jahr von über 250.000 Einzelbesuchern und circa 1000 Gruppen besucht wird. Die Anlage ist bereits seit 1945 internationaler Erinnerungsort und gedenkt der mehr als 70.000 Menschen, die hier zwischen 1941 und 1945 ums Leben kamen. Ausstellungen informieren über die Geschichte als Kriegsgefangenenlager, Konzentrationslager und Displaced Persons Camp.

Eine weitere Aufgabe stellt die Neugestaltung der Gedenkstätte in der JVA Wolfenbüttel dar, einst Strafgefängnis und eine von zwei zentralen Hinrichtungsstätten der nationalsozialistischen Justiz in Norddeutschland. Bis Kriegsende wurden hier mehr als 600 Todesurteile vollstreckt. Die Ausstellungen dazu dokumentieren die Entwicklung der NS-Justiz und des NS-Strafvollzuges von 1933 bis 1945. Hier sind zudem Forschungsarbeiten im Gange, welche die Justizgeschichte jener Zeit noch genauer erforschen und die Schicksale der hier hingerichteten Opfer sowie ihrer Angehöriger untersuchen. Die Stiftung hat es sich ebenfalls zueigen gemacht, eine zentrale Dokumentationsstelle zur Geschichte von Widerstand und Verfolgung auf dem Gebiet des Landes Niedersachsen einzurichten und zu verwalten. Sie fördert Initiativen und Forschungseinrichtungen und hilft Interessierten bei der Aufarbeitung, Dokumentation und Vermittlung dieser Geschichtsepoche. Und nicht zuletzt ist die Stiftung für die Förderung und Beratung weiterer Gedenkstätten und Erinnerungsinitiativen im Land Niedersachsen zuständig, beispielsweise in Drütte-Salzgitter, Esterwegen im Emsland, Hannover-Ahlem, Lüneburg, Moringen bei Göttingen, Wehnen bei Bad Zwischenahn oder Wolfsburg.

Standort und Navigation: Celle, Im Güldenen Winkel 8

50 Der Garten Rosenfrieden

Ewige Ruhe unter duftenden Blüten

Sie heißen Flammentanz, Graciosa, Heidetraum, Momo, Medley soft pink, Schneeflocke oder Knirps. Die Rede ist von über tausend Rosenarten, welche im Celler Garten Rosenfrieden zu finden sind, sämtlich aus deutschen Zuchten stammend, und mit ihrer eigenwilligen Schönheit und ihrem feinen Duft ihre Besucher betören. Der Garten ist jedoch nicht irgendein Garten, sondern ein Urnenfeld und damit Teil des Celler Stadtfriedhofes und der hiesigen Bestattungskultur. Die Rosen wirken hier wie eine besonders gelungene Metapher auf den menschlichen Lebenslauf. Kindheit, Jugend, Erwachsensein, Älterwerden und Sterben stehen mit dem Kreislauf der Natur in Einklang, denn mit dem Wechsel der Jahreszeiten verändert sich auch das Bild des Gartens. Erst treiben die Knospen aus, dann blühen die Blüten in ihrer ganzen Fülle und Schönheit auf, es folgt das unvermeidliche Welken und Verblühen, schließlich fallen die trockenen Blätter zu Boden und werden wieder zu einem Teil der Erde. Kleine Wege führen durch die symmetrisch angelegten Beete und zu einer mittig angeordneten Steinskulptur, liebevoll „Rosanna" getauft. Die Figur, sie erinnert an eine kleine Pute, kniet in einer steinernen Rosengirlande und stammt aus den dreißiger Jahren. Sie wurde bei Henzel und Muschard in Celle geschaffen und stand bis 2009 auf einer privaten Grabstätte. Sie ist umringt von steinernen Stelen, die mit Namensschildern und Sterbedaten versehen, Auskunft über die hier zur letzen Ruhe Gebetteten erteilen.

Zum Garten Rosenfrieden gehört ein besonderes Abschiedszeremoniell: Die Trauernden können nach Wunsch den frisch über der Urne gepflanzten Rosenstock mit Wasser begießen. Ein tröstlicher Gedanke dabei ist, dass die Nährstoffe aus der vergrabenen Asche des oder der Verstorbenen den Wurzeln des neuen Rosenstockes zu Wachstum und Blüte dienen.

Mit der Grundfrage „Warum können Friedhöfe nicht schön sein wie Gärten", hat das Projekt seit Mai 2010 als neuen Weg in der deutschen Gedenkkultur eine eindeutige Antwort gegeben und belegt diese auch gleich mit Attributen wie langfristig, würdevoll, liebevoll, stilvoll. Es finden sich Stätten mit Namen oder ohne, ganz nach Belieben, sorgsam von professionellen Rosengärtnern gehegt und gepflegt.

Der Garten Rosenfrieden mit seinen unzähligen Beetrosen, Kletterrosen, Strauchrosen und Ramblerrosen ist ein ruhevoller Ort für Einzelgänger, für Paare, für Familien mit Kindern oder für Freunde – im Leben wie im Tod. Denn hier darf sogar gespielt werden, wie etwa im direkt angrenzenden „Kleinen Laubenhof", während mehrere Parkbänke die Besucher zum stillen Verweilen einladen. Eine seltsam harmonisch anmutende Verbindung von Leben und Tod. Mittlerweile hat sich in Sachen Friedhofskultur in deutschen Landen eine Menge getan. Nicht nur Celle, auch andere Orte bieten längst besondere Grabfelder an, zum Stadtfriedhof gehören beispielsweise auch noch die Baumgrabstätten unter einer Allee junger Säulenhainbuchen. Der Waldfriedhof indes bietet Grabstätten in einem Bauerngarten an, auf einem Archefeld, in einem Naturstück oder auf einer Streuobstwiese.

Standort und Navigation:
Stadtfriedhof: Celle, Altenhäger Kirchweg
Waldfriedhof: Celle, Ententeich

51 Der Drilling-Simulator

Wissenschaftlicher Leuchtturm von Celle

Seit 2014 steht das Gebäude in Celle, seitdem waren umfangreiche Vorbereitungen im Gange, bis 2016 darin eine millionenschwere Einrichtung, unterstützt vom Land Niedersachen und durch Mittel der EU gefördert, an den Start ging: Der Drilling-Simulator Celle der Technischen Universität Clausthal-Zellerfeld. Die Stadt ist damit Standort einer weltweit einzigartigen Forschungseinrichtung, in welcher der Vorgang des Bohrens im Erdreich mit einer Hardware-Versuchseinrichtung und einem Software-Simulator nachvollzogen wird, die beide miteinander verbunden sind. Diese Verknüpfung ist das Besondere, üblicherweise werden Simulatoren nur zu Trainingszwecken oder, mit Beschränkung auf die Software, ansatzweise zu Forschungszwecken eingesetzt. Die äußerst komplexe Anlage in Celle soll die Automatisierung in der Bohrtechnik, die noch sehr in den Kinderschuhen steckt und vom Stichwort Industrie 4.0 „noch ein paar Meter weit weg ist“, voranbringen – mit dem Ziel das Bohren künftig umweltfreundlicher, wirtschaftlicher und sicherer zu gestalten. Aber warum in Celle? „Historisch bedingt“, so Dr. Michael Koppe, Chief Engineer im Haus und für die technische Leitung verantwortlich, „Celle ist das Little Texas von Deutschland. Zudem sitzen hier etliche Unternehmen, die der Bohrbranche angehören.“

Ja, die Südheide war einst die Erdölgegend schlechthin: In Wietze, im Westen des Cellerlandes gelegen, wurde 1858 erstmals erfolgreich nach Erdöl gebohrt – und damit einige Monate eher als in den USA – und es versorgte bald das gesamte Kaiserreich mit dem „Schwarzen Gold“. Nienhagen im Süden galt 1920 wegen der Erdölvorkommen als reichster Ort der Republik und „Öl-Hohne“ im Nordosten deckte einst den Bedarf von halb Deutschland. In Celle liefen seinerzeit alle Fäden zusammen, was 1937 schließlich zur Gründung der Bohrmeisterschule führte, heute zentrale Aus- und Fortbildungsstätte der deutschen und internationalen Erdöl- und Erdgasindustrie.

Der Software-Simulator Drill SIM 600 (3,5m B, 3m H, 1,5m T) kann die Vorgänge bei der Abteufung einer Bohrung über Tage sowie bis zu einer Tiefe von circa 5000 Metern simulieren und auf Bildschirmen visualisieren. Die reale Versuchs-Hardware indes beinhaltet technisch komplizierte Aufbauten – sozusagen die letzten zwanzig Meter eines Bohrlochs vor der Gesteinsformation – inklusive Gesteinsautoklav, in dem verschiedene Materialien „angebohrt“ werden können, Drehantrieben und Vorschubeinrichtungen, Tanks und Pumpen, die mit 1,2 Megawatt angetrieben werden, sowie coil tubings, Bohrrohre auf großen Rollen, die mit 100 bis 200 Bar Druck arbeiten. Die Wissenschaftler verbinden bei ihrer Arbeit die virtuelle mit der realen Welt. Die Leitung der Einrichtung obliegt Prof. Dr. Ing. Joachim Oppelt. Er ist in Clausthal zudem Leiter der Abteilung Bohr- und Produktionstechnik am Institut für Erdöl- und Erdgastechnik. Ihm stehen im „wissenschaftlichen Leuchtturm von Celle“, der längst bei Fachleuten weltweit auf reges Interesse stößt, derzeit sechs weitere Mitarbeiter zur Seite.

„Glückauf“ heißt es in der Bohrbranche. Dem Celler Forscherteam möge es zum Wohle der Menschheit beschieden sein.

Standort und Navigation: Celle, Baker Hughes Straße 5

52 Die Alpakas von Celle

Eine Huacaya-Zucht am Rande der Südheide

Nein, Sie haben sich nicht verlesen, auch wenn Alpakas tatsächlich geografisch in Südamerika verortet sind! Doch Celle darf sich zumindest als Wahlheimat der Tiere bezeichnen – seit 2013 lebt im Celler Stadtteil Klein Hehlen eine junge Zucht. Erst waren es sieben, dann neun, bald elf und schließlich achtzehn Tiere, die sich in Celle zusammen gefunden haben.

Die Tiere, sogenannte Huacaya-Alpakas, stammen, genau wie die zweite Rasse Suri-Alpakas, ursprünglich vom wildlebenden (oder in Wildhaltung) Vicunja ab und sind in den Anden beheimatet. Das macht sie besonders winterhart. Sie werden auch Pako genannt und zählen zu den sogenannten Neuweltkameliden, kleinere Arten von Kamelen. Eine Stute nennt man Hembra, einen Hengst Macho und ein Fohlen Cria. Stuten bringen nach etwa elf Monaten ein Fohlen zur Welt, das Geburtsgewicht beträgt um die sieben Kilogramm. Ausgewachsene Tiere wiegen 60–80 Kilogramm und erreichen ein Stockmaß bis 100 Zentimeter, sie sind damit also etwas kleiner (und leichter) als Lamas. Sie können bis zu 25 Jahre alt werden. Ein Zuchtstutfohlen, neun bis zehn Monate alt und von seriösen Züchtern, kostet mindestens 5000 Euro. In den USA wechseln Alpaka-Zuchthengste den Besitzer aber auch mal für sechstellige Beträge. Im Frühsommer – die Alpakafaser wächst jährlich circa zwölf bis 25 Zentimeter – müssen die pflanzenfressenden Tiere geschoren werden. Dafür kommen stets zwei Amerikaner, welche eine besondere Scherkunst beherschen, die speziell für diese Tiere bestimmt ist, zu den Celler Alpakas. Die ganze Sache dauert pro Tier nur sieben Minuten. Ein ausgewachsenes Tier kann dabei drei bis sechs Kilogramm Wolle auf die Waage bringen, die in drei Qualitätsstufen eingeteilt wird. Aus Wolle von Rücken- und Seitenpartien in Qualität 1 entstehen Wollgarne, Wolle in Qualität 2 von Brust- und Schenkelpartien dient der Bettdeckenherstellung. Qualität 3 von Bauch- und Halspartien ist als „Bastelwolle" beliebt – welche die Züchterin gern an Kindergärten verschenkt. Die höckerlosen Tiere beider Rassen unterscheiden sich vor allem in den Fasereigenschaften ihrer Wolle, welche mit Hohlkammern versehen ist und damit thermisch wirkt – mit fünffach höherer Wärmeleistung als Schafwolle. Auch Allergiker kommen mit Alpaka-Wolle oft gut zurecht. Die wertvolle Wolle von Suri-Alpakas glänzt mit weichen Locken, die als Strähnen am Tier herab hängen. Die dichte Wolle der Huacayas, denen ein gewisser „Teddybären-Look" zueigen ist, besticht durch samtene Weichheit und besondere Kräuselung, Crimp genannt. Die Wollqualitäten unterscheiden sich im Micronwert: je geringer, desto besser. Die ruhigen, freundlichen, friedlichen und flauschigen Tiere kommen mittlerweile auch vermehrt in tiergestützten Therapien zum Einsatz, etwa bei Schlaganfallpatienten, behinderten und autistischen Kindern, die mit Berührungstherapie mit Streicheln, Füttern und Führen behandelt werden können.

„Alpakas nehmen sich der Menschen an", so die Celler Züchterin Annika Rodehorst. Auch für die Rasenpflege sind die Tiere neuerdings recht beliebt – als Schwielensohler richten sie keine Trittschäden an. Wer mal am Zaun streicheln mag: Auf nach Klein Hehlen, vielleicht haben Sie Glück und die Tiere schauen nicht nur schüchtern in Ihre Richtung …

Standort und Navigation:
Alpaka-Weide: Celle, Hollenkamp
Weitere Infos: Bungenhof Celle

53 Die alte Schmiede und das Glückshufeisen

Ein Stück Celler Stadtgeschichte

Vor allzu neugierigen Blicken geschützt, liegt eine alte Schmiede ganz verborgen – und erstmals 2015, zum Tag des offenen Denkmals, wurde sie für eine breitere Öffentlichkeit zugänglich und sichtbar gemacht. Bis dahin schlummerte die Werkstatt in einem Gebäude-Ensemble von 1625 seit ihrer Schließung vor sich hin und kaum jemand wusste von dem historischen Schatz, der hinter der behutsam sanierten Fassade zu finden ist. Dahinter ist die Zeit stehen geblieben: Im Vorderhaus liegt noch das alte Kontor. Die in die Jahre gekommene Doppelesse in der Werkstatt, an der einst die Glut entfacht wurde, ist im Hof zu sehen, dahinter der riesige, lederne Blasebalg, der einst mit einem einfachen Handzug betrieben wurde. Allerlei Schmiedewerkzeug hängt feinsäuberlich aufgereiht an der Wand. Ketten weisen darauf hin, dass hier einst Pferde mit Hufen beschlagen wurden, eine vor sich hinverfallende alte Kutsche ist zu entdecken – der Betrieb war zugleich Stellmacherei, die Wagenräder und spezielle Federn für Kutschen fertigte, was einige alte Geräte ebenso demonstrieren wie etwa alte papierne Anschläge zu den Arbeitszeiten. Die Schmiede wirkt wie eine Zeitaufnahme und gibt Zeugnis vom Handwerk, welches der Besitzer, der durch einen Unfall arbeitsunfähig wurde, 1950 einstellen musste. Der Familie, die über Generationen die Schmiede betrieb, liegt es seitdem am Herzen, dass die Stätte des Wirkens der Vorfahren authentisch erhalten bleibt und die handwerkliche Tätigkeit heute noch anschaulich gezeigt werden kann. Eine Arbeit aus der alten Schmiede ist in der Innenstadt zu sehen: Ein Hufeisen, eingelassen ins Pflaster, in Erinnerung an einen Celler Herzog. Die Sage berichtet, dass dieser, Otto II., 1471 während eines Turniers auf genau an jener Stelle vom seinem Pferd, dem die gegnerische Lanze den Kopf durchstochen hatte, gestürzt und infolge des Sturzes einige Zeit später zu Tode gekommen sei. Eine erste Erwähnung des Hufeisens in den Annalen der Stadtgeschichte ist im Jahr 1763 zu finden. Das Besondere an dem Hufeisen: Es ist eine stählerene Nachbildung – normalerweise sind Hufeisen aus Eisen, die aber leider bekanntlich gern rosten – aus dem Jahr 1938. Es wurde genau an jener Stelle verlegt, wo zuvor angeblich in der Tiefe ein gaaaaanz altes Eisen gefunden worden war, welches jedoch auf ominöse Weise leider verschwand. Ein neues musste also her, da die Celler Tradition besagt, es soll jedem/r Glück bringen, der/die es wagt, über das Eisen zu springen. Vielleicht hat das damit zu tun, dass der Herzog, der den Beinamen „der Großmütige" trug und mit seiner Herzogin, Anna von Nassau (auf ihren Vater gehen übrigens die Stammväter der niederländischen Königsfamilie zurück), obendrein glücklich verheiratet war und als umsichtiger Regent galt, der seinem Volk Ruhe, Sicherheit und Ordnung gab. Aber, so die Historiker, die Mär mit dem Hufeisen gehört in den Bereich der Celler Sagen und Legenden – auch wenn es eine nette Geschichte ist, die bei Gästeführungen gern erzählt wird. Einen wichtigen Beitrag zu Erhalt, Restaurierung, Bewahrung und Pflege historisch bedeutsamer Stätten leistet das hiesige Ortskuratorium der Deutschen Stiftung Denkmalschutz. Dafür werden offene Tage bestimmt, an denen ein interessiertes Publikum Einblick nehmen kann, auch in die alte Schmiede.

Standorte und Navigationen:
Alte Schmiede: Celle, Nordwall 60
Hufeisen: Celle, Stechbahn/Ecke Kalandgasse
Weitere Infos: denkmalschutz-celle.de, www.tag-des-offenen-denkmals.de

54 Die Milchtankstelle in Altenhagen

Frische Landmilch 24/7

Der Celler Stadtteil Altenhagen findet erstmalig 1377 urkundlich als „Oldenhagen“ Erwähnung. Die Siedlungsform entspricht in großen Teilen der eines Hagenhufendorfes – langgestreckte Siedlung entlang einer Straße, die parallel zu einem Bach verläuft (auch wenn in dem Fall der Bach fehlt, aber wer weiß schon so genau, ob es nicht mal einen gab). Auch heute ist Altenhagen noch immer ein klassisches Straßendorf mit teils sehr alten Hofstellen und ist nach wie vor landwirtschaftlich geprägt, zwei Höfe sind noch bewirtschaftet – mit dem Schwerpunkt Milchwirtschaft. Einer davon ist der Ferienbauernhof der Familie Knoop, auf dem die Gäste beim Füttern, Melken und Bestellen der Felder sowie bei der Ernte mithelfen dürfen. Auch die Biogasanlage der Familie – sechs Familienmitglieder verteilt auf drei Generationen – ist mit Erklärungen zum biologischen Prozess zu besichtigen. Eine große Attraktion ist zudem der Streichelzoo mit Vertretern wie Kaninchen, Meerschweinchen, Hühnern und Enten. Der Hof ist zudem der erste anerkannte Kneipp-Gesundheitshof im Cellerland mit Armtauchbecken, Fußtretbecken und Gießschlauch. Zum Unternehmen zählen auch die Helferlein menschlicher wie technischer Spezies, wie Angestellte oder Traktoren sowie die eigentlichen Hauptfiguren: um die 150 Milchkühe, inklusive Kälbchen und Zuchtbulle Nils, dessen Name, wie bereits bei der langen Reihe seiner männlichen Vorfahren, mit dem Buchstaben N beginnt.
Milchviehbetriebe sind arbeitsintensiv – der Einsatz oftmals rund um die Uhr, an sieben Tagen in der Woche und zwölf Monaten im Jahr ist Pflicht. Dazu gehören heutzutage also viel Idealismus, ein Händchen im Umgang mit Tieren, Freude an der landwirtschaftlichen Tätigkeit, technisches Verständnis, bürokratisches Know-how, ein guter Zusammenhalt sowie ein heiteres und gelassenes Gemüt, vor allem, wenn die Milchpreisbörse mal wieder verrückt spielt. Doch die „Macher“ des Familienunternehmens sind zuversichtlich, denn viele Konsumenten wünschen sich etwas zurück, was eigentlich kaum noch irgendwo zu bekommen ist, nämlich echte, unverfälschte und unbehandelte Rohmilch. Und „Frische Landmilch 24/7“, so der Slogan des Hofes, bekommen Sie an der Milchtankstelle in Altenhagen, einer Zapfstelle, die rund um die Uhr und an jedem Tag der Woche „geöffnet“ hat. Einfach hinfahren, Geld einwerfen (1- und 2-Centstücke gehen nicht) oder einen Schein (bis 20 Euro) in den Schlitz stecken: Der Liter kostet einen Euro, Rückgeld gibt’s per Knopfdruck. Dann Klappe öffnen, Flasche (mit etwas weiterem Hals) oder die gute alte Milchkanne einstellen, Knopf drücken und schon fließt das auf vier Grad temperierte frische Weiß in Strömen. Passende Flasche vergessen? Kein Problem, diese kann man sich im „Regiomat“, dem Automaten-Tante-Emma-Laden direkt daneben, kaufen. Darin finden Sie zudem Erzeugnisse einiger Anbieter aus der Umgebung – von Honig, Marmelade, Eiern, Zwiebeln, Kartoffeln und Eintopf bis zur Wurst.
Und wie schön, es geht weiter: die nächste Generation mit Junior Jan will ebenfalls in die landwirtschaftlichen Fußstapfen seiner Vorfahren treten, sich entsprechend ausbilden lassen, eines Tages den Hof, der bereits seit 1438 (!) in Familienbesitz ist, übernehmen und weiterführen!

Standort und Navigation: Celle, Lachtehäuser Straße 28

55 Die Celler Schule

Textschmiede für Musicals, Chansons, Schlager und mehr

Celler Schule? Wer hier losgeht und diese Schule finden möchte, wird vergebens nach einem Hinweisschild suchen, denn die Wiege des 1996 gegründeten Förderseminars, welches sich dem Textdichternachwuchs widmet, steht zwar hier in der Residenzstadt, doch das war's auch schon. Aber was einst im Predigerseminar (evangelisches Kirchenamt der Kreise Celle, Walsrode und Soltau) im Celler Stadtteil Klein Hehlen seinen Anfang nahm, ist heute eine renommierte Textschmiede für Chansons, Schlager und mehr – aus der Größen hervorkamen und noch immer kommen, von denen es Einige schon zu respektablen Erfolgen gebracht haben wie etwa Lukas Hainer (textet unter anderem für Santiano), Bodo Wartke (bekam praktisch alle Kleinkunstpreise, die es gibt) oder Wolfgang Adenberg, einer der meistbeschäftigten Musicalautoren in Deutschland – er war im allerersten Jahrgang 1996). Somit gehört die Celler Schule ebenfalls zu den besonderen Orten, auch wenn man sich zugegebenermaßen dabei recht intensiv seiner Fantasie bedienen muss, um den „Ort" zu finden – und sich vielleicht dabei einfach nur einem der vielen Texte hingibt, zum Beispiel diesem, gesungen von DJ Ötzi auf seinem Album „Es ist Zeit":
Wie ein Komet mitten ins Herz, ich lieb diesen intergalaktischen Schmerz, ich flieg aus der Bahn, weil alles sich dreht, strahlend und hell, wie ein Komet… . Der Song avancierte 2013 zum Faschingshit und war wochenlang in den Charts zu finden – in den Discocharts sogar fast drei Jahre lang. Geschrieben hat ihn die Gründerin der Celler Schule, Edith Jeske, die – wie sie selbst sagt – „die Mutter dieses Milchgeschäfts ist". Sie textet Chansons und Schlager, Musical und Comedy, unterrichtet an Hochschulen und ist als Textcoach einzigartig in Deutschland. Die Liste ihrer Interpreten reicht von Claudia Jung und Roland Kaiser bis Tim Fischer und Lilo Wanders.
Die Celler Schule ist eine Idee von Hans Hee, der unter anderem einst für Heintje, die 3 Peheiros und Ronny schrieb. Heute wird diese von Edith Jeske und Tobias Reitz geleitet, der ebenfalls große Erfolge als Textdichter vorzuweisen hat – dafür sprechen mehrere Gold- und Platin- Awards sowie die Nominierung zum deutschen Musikautorenpreis. Er arbeitet vor allem für Helene Fischer, Beatrice Egli, Angelika Milster, Semino Rossi, Die Flippers, Andrea Jürgens, Stefanie Hertel oder Mireille Mathieu.
Interessierte können sich in der Celler Schule in Sachen Weiterbildung für eines von zehn Stipendien jährlich bewerben, welches aus Fördermitteln der GEMA-Stiftung (GEMA = 1903 gegründete Gesellschaft für musikalische Aufführungs- und mechanische Vervielfältigungsrechte) vergeben wird. Eine Fachjury wählt die TeilnehmerInnen für die zweiwöchige Masterclass aus. Dort werden sie mit den Techniken des Schreib-Handwerks ausgerüstet und lernen, mit ihrer Kreativität lebenslang auf gutem Fuße zu stehen. Eingeladen werden auch Komponisten, mit denen die Chance besteht, Songs in die musikalische Welt zu schicken. Die Celler Schule sieht sich zudem auch als Netzwerk und Kontaktbörse für TeilnehmerInnen aller Sparten, die sich gegenseitig unterstützen, Aufgaben austauschen und dabei zugleich Kontakt zu Größen der Branche knüpfen können.
Was in Celle doch alles schon so begann…

Infos Celler Schule: www.celler-schule.de

56 Bomann-Museum IV

Bürgerkultur in Celle

„Herd und Heim – Bildung und Verein: Bürgerkultur in Celle“, so lautet die Überschrift des vierten Rundgangs durch das Museum. Der Schwerpunkt liegt dabei im Biedermeierzimmer, in welchem BesucherInnen durch einen typischen Salon, Küche und Schlafräume im 19. Jahrhundert schlendern können. Es zeigt das Leben der damals besser gestellten BürgerInnen und Kaufleute, gibt Informationen zum familiären Leben und Frauenbild, welches seinerzeit auf Gattin, Hausfrau und Mutter reduziert wurde – ganz nach dem Motto „Der Wäscheschrank ist der Bücherschrank der Frau“. Sie können sich mit der Entwicklung von sozialen Institutionen beschäftigen, die teils heute noch ihren festen Platz in der Stadt haben, sowie den Schattenseiten jener Zeit wie etwa der Kinderarbeit in den Fabriken oder den Arbeitsbedingungen der Dienstboten – dem rechtlosen Aushängeschild wahrer Bürgerlichkeit. Diese wurden gemietet und zählten sozusagen zum Inventar, und so schufteten etwa Diener, Zofen und Hausmädchen, ganz wie in Downton Abbey, der englische Kultserie, auch in Celle von morgens bis spät abends, oft sechzehn Stunden und mehr, mussten Nachttöpfe ausleeren, Kohlen schleppen, Feuermachen, putzen, waschen, kochen, flicken, Silber putzen oder Teppiche ausklopfen – und das sechs bis sieben Tage lang die Woche mit maximal einem halben freien Nachmittag und dem Schlafquartier oft nur in einem Verschlag unter der Treppe. Sie hatten jederzeit zur Verfügung zu stehen, durften weder das Haus ungefragt verlassen, noch ohne Zustimmung heiraten. Das neue Jahrhundert indes brachte weitreichende Veränderungen, „die Revolution im Haushalt“ begann und mehr und mehr Menschen strebten nun in die zunehmend neu entstehenden Fabriken. Doch das Leben gerade in den Vorstädten war armselig und elend, erst die Gründung einer Initiative ermöglichte den sozialen Wohnungsbau und damit eine Verbesserung vor allem der wohnlichen Zustände der einfachen Leute. In Celle leistete der Architekt Otto Haesler (1880 – 1962) mit mehreren Wohnsiedlungen im Stil „Neues Bauen“ Pionierarbeit und schuf damit bezahlbare, praktische und verbesserte Wohnformen – die von ihm entworfenen Wohnungen galten seinerzeit als so preiswert wie komfortabel. Das Inventar dazu sollte seiner Meinung nach ebenso kostengünstig, platzsparend und zweckmäßig sein. Auch in Sachen Möbel kreierte er daher einen neuen Stil und stattete seine Siedlungswohnungen damit aus. In den längst nicht mehr existenten Metallwarenfabriken Altona-Celle ließ er dafür die Celler Volksmöbel (CVM), „gut konstruierte Metallmöbel für niedrigen Preis“, nach seinen eigenen Entwürfen anfertigen. Zur Kollektion zählten klappbare Stühle, Tische, Hocker und Bänke aus Sperrholz und weiß lackiertem Stahl. Die Werbung dafür übernahm seinerzeit kein Geringerer als Haeslers Freund, der dadaistische Maler, Dichter und Werbegrafiker Kurt Schwitters aus Hannover. Dort wurden die Volksmöbel auch auf der Weihnachtsmesse der Kestner-Gesellschaft 1932 als „Spitzenleistungen der Serienindustrie“ vorgestellt. Der Nachbau eines Haesler-Stuhles ist auf diesem vierten Rundgang durchs Museum ebenfalls zu entdecken – und man mag beinah meinen, dass „Herr Ikea“ dafür Pate gestanden hat.

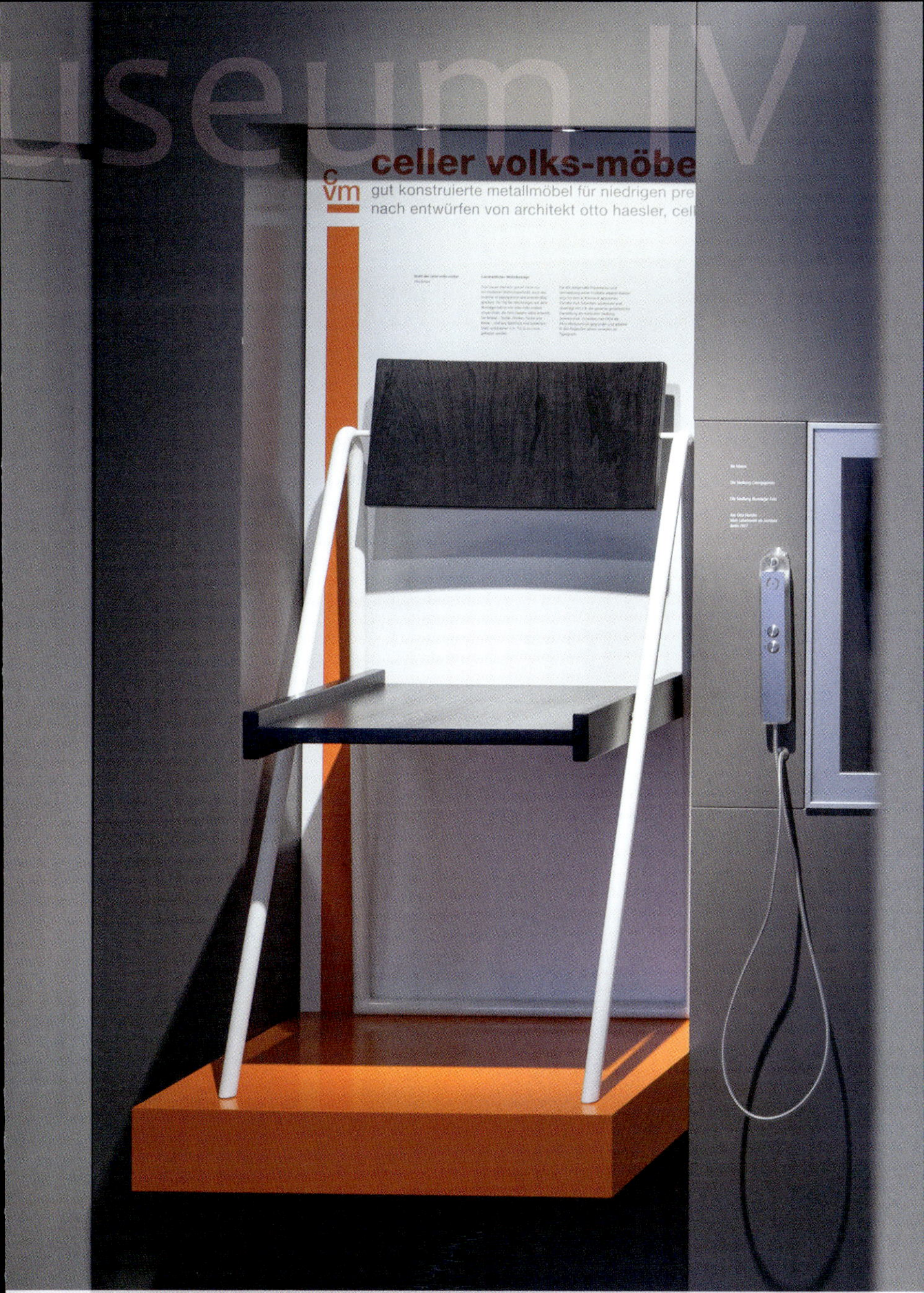

Standorte und Navigationen:
CVM-Stuhl im Bomann-Museum: Celle, Schlossplatz 7
Haesler-Siedlungen: Celle, Galgenberg, Italienischer Garten, Sankt Georg Garten

57 Die lange Nacht der Poesie

Vorhang auf für Witz und Wahnsinn!

Auch wenn er hier nur einige Jugendjahre verlebt hat – der Schriftsteller Manfred Hausin ist der Stadt Celle eng verbunden. Denn anders ließe sich sonst wohl kaum erklären, weswegen der Macher der „Langen Nacht der Poesie" eben genau diese besondere Veranstaltung immer mal wieder in die Residenzstadt holt. Was Hausin, der gern – nach einem seiner Buchtitel – auch als Stimme Niedersachsens bezeichnet wird, vor vielen Jahren als lockeren Zusammenschluß befreundeter Künstler ins Leben rief, ist längst zu einem festen Bestandteil der deutschen Kulturszene geworden – und nennt sich Compagnie Poesie, ein kunterbuntes Künstlervölkchen, welches eigentlich viel zu selten zusammenkommt und dementsprechend auch nur gelegentlich auftritt. Hinter dem Namen verbergen sich über neunzig professionelle Künstler, die mit ihrer Show vier Stunden lang Unterhaltung pur bieten – eine Sternstunde der Kleinkunst und poetischen Momente. Große Talente wie Namen zählen zur dieser ungewöhnlichen Truppe, wie etwa die Musiker Hannes Wader oder Udo Lindenberg, einige Schreiberlinge, zum Beispiel Manfred Hausin selbst (der „niedersächsische Francois Villon") sowie viele weitere Künstler – vom Schauspieler, Artisten, Jongleur, Feuerschlucker, Puppenspieler und Pantomimen bis zum Zauberer.
Der Show-Titel mag verwirren bei der Anzahl von nichtschreibenden Künstlern, die auftreten, doch Poesie (grieichisch: ποίησις = Erschaffung) beinhaltet ja nicht nur das geschriebene Wort. Der Begriff bezeichnet im übertragenen Sinn auch etwas, was über die Sprache hinaus wirkt – durch Bilder, Musik, Stimmung oder Gestik. In diesem Sinne will die „Lange Nacht der Poesie" ein Feuerwerk an Witz und Wahnsinn entfachen! Es soll über dem Publikum niedergehen und es, gespickt mit „tiefer und feinsinniger Bedeutung", durch Scherze, Musik, Kabarett, Satire, Ironie, Varieté, Überraschungen und mitreißende Darbietung berauschen und begeistern zugleich. Jede Aufführung ist einzigartig, vielleicht die Urform der Poesie, die dabei auf die Bühne gebracht wird, und erinnert an Märchenerzähler von früher, an Sherezade mit ihren Erzählungen aus Tausendundeiner Nacht, aber auch an venzianische Feste und mittelalterliche Maskeraden sowie an die Kabaretts im Berlin der Zwanzigerjahre oder die großen Varietés in den Metropolen Europas.
Der vielfach ausgezeichnete Dichter Hausin (Jg. 1951), der heute in der Nähe seiner Geburtststadt Hildesheim lebt, griff siebzehnjährig erstmals zur Feder, machte sich als Redakteur der Celler Schülerzeitung „reflex" einen Namen, die bald darauf zur besten in ganz Niedersachsen gewählt wurde. 1969 wurde der Jungautor als seinerzeit jüngstes Mitglied in den „Verband deutscher Schriftsteller" aufgenommen. Nur ein Jahr später veröffentlichte er sein erstes Buch, dem unzählige folgen sollten.
„Dass sich die Menschen erheben, dafür müssen die Worte sitzen!", so Hausin, der längst als Meister der Aphorismen gilt. Mit seinen tief- und abgründigen, bissigscharfen, spitzzüngigen, kritischen, oftmals zarten wie harten, geistreichen, witzigen und bisweilen spielerischen bis respektlosen Texten zählt er zu den, wie die hiesige Presse urteilte, profiliertesten und interessantesten Autoren seiner Generation in Deutschland. Vorhang auf!

Weitere Infos, Termine:
www.lange-nacht-der-poesie.de
www.manfredhausin.de

58 Celle War Cemetery

Weiße Gräber ganz verborgen

Auf fast jedem Friedhof sind die stummen Zeugen von Kriegen gegenwärtig – oftmals weite Felder mit verwitterten, efeuumrankten Grabsteinen, deren Inschriften oftmals kaum mehr lesbar sind. Hier ruhen Gefallene, im Lazarett oder in Kriegsgefangenschaft verstorbene Soldaten, Zwangsarbeiter, Bombenopfer und weitere Kriegsopfer wie Zivilisten, die gewaltsam den Tod fanden. Es sind laut Genfer Konventionen von 1977 die „sterblichen Überreste von Personen, die im Zusammenhang mit einer Besetzung oder während eines durch Besetzung oder Feindseligkeiten verursachten Freiheitsentzugs verstorben sind, und von Personen, die keine Angehörigen des Staates waren, in dem sie infolge von Feindseligkeiten verstorben sind."
Seit 1954 ist der Volksbund Deutsche Kriegsgräberfürsorge e.V. damit betraut, diese Grabstätten aus der Zeit der beiden Weltkriege sowie vorangegangener Kriege wie dem Deutsch-Französischen Krieg 1870 – 71 oder der Deutsch-Dänischen Kriege von 1848 – 51 und 1864 zu erfassen, zu erhalten und zu pflegen. Für das Vereinigte Königreich hat diese Aufgabe die Commonwealth War Graves Commission (CWGC; ursprünglich Imperial War Graves Commission) übernommen. Diese betreut auch in Celle einen kleinen Soldatenfriedhof. Er ähnelt in seiner Gestaltung allen Kriegsgräberstätten des CWGC, die seit 1917 festgelegt ist. Dazu gehört stets das Cross of Sacrifice (Opferkreuz mit Kreuzritterschwert) sowie der Stone of Remembrance, in den ein kleiner Schrein eingelassen ist, der die Namensliste aller Bestatteten sowie ein Visitors Book beinhaltet. Wie überall sind auch in Celle reihenförmig aufgebaute Grabsteine aus weißem Kalksandstein darauf zu finden, auf den kleinen Beeten blühen im Sommer Blumen aller Art. Die ebenerdigen Grabsteine tragen in der Regel ein Wappen, die Inschriften zu Einheit, Namen und Dienstgrad. Symbole wie Kreuz oder Davidstern verweisen auf die religiöse Zugehörigkeit. Manche Steine tragen auch einen persönlichen Erinnerungsvers.
Auf dem Celle War Cemetery, einst Krankenhausfriedhof des 64. Britischen Militär Hospitals, ruhen 202 britische Commonwelth-Soldaten aus Army und Air Force, je drei Kanadier und Polen, ein Neuseeländer sowie eine Person unbekannter Nationalität. Auf einem einzigen Grabstein ist ein Davidstern eingemeißelt, die anderen tragen Kreuze. Es sind überwiegend sehr junge, oft kaum zwanzig- bis dreißigjährige Soldaten, die hier ihre letzte Ruhestätte gefunden haben.
Der Friedhof ist nur einer von 23.000 Standorten in über 150 Ländern. In der Nähe sind noch weitere Anlagen unter Verwaltung der CWGC zu finden, wie etwa 35 Kilometer gen Norden an der B 3, hinter Oehus gelegen. Dieser erinnert seiner Lage wegen an den Timeloberg, den „Victory Hill", auf dem eine deutsche Delegation der Wehrmacht am 4. Mai 1945 gegen 18.30 Uhr in Anwesenheit von Generalfeldmeister Montgomery die Urkunde zur Teilkapitulation unterschrieb, womit der Zweite Weltkrieg in Nordwestdeutschland, Dänemark und den Niederlanden endete – und was zur entgültigen Kapitulation am 8. Mai führte. Ein fast vergessener Gedenkstein in der Nähe des damaligen Geschehens erinnert an den Hauch von Weltgeschichte, der hier einst die Gegend streifte.

Standorte und Navigationen:
Friedhof Celle: Im Rolande
Friedhof Becklingen: an der B 3, von Celle kommend hinter Oehus
Gedenkstein Timeloberg: Feldweg vom Parkplatz an der K 37 zwischen Deutsch und Wendisch Evern folgen

59 Der Goldraub von Celle

Das Geheimnis um Kiste Ant. A 66

1945/46 traf auf Veranlassung der britischen Besatzung im Celler Schloss ein Schatz ein – etwa 5000 Kisten mit Beständen unter anderem aus den Staatsmuseen in Berlin, wie der Antikenabteilung, dem Schlossmuseum, dem Kupferstichkabinett, dem Museum für Vor- und Frühgeschichte sowie Gemälden aus der Nationalgalerie oder auch Bände der Zentralbibliothek. Die Sammlungen – Celler Kunstgutlager oder Fine Arts Repository genannt – waren während der Zeit des Zweiten Weltkrieges in Salzbergwerken verwahrt worden und sollten nun in Celle eingelagert werden sowie zugleich Ausstellungen dienen, was auch über Jahre hinweg gelang – nicht nur in Celle und anderen Städten innerhalb Deutschlands, sondern auch in vielen Orten Europas, beispielsweise in Paris, Mailand oder Oslo.

Eine Kiste mit der Aufschrift Ant. A 66 war gefüllt mit goldenen Exponaten griechischer, etruskischer und römischer Herkunft aus der Zeit von 1500 v. Chr. bis 400 n. Chr. – Teile des Schliemanngoldes aus Troja. Sie wurde zur Sicherheit im ersten Stock des Schlosses verwahrt. Wohl hatten nur wenige Personen Zugang zu den Schätzen, einer von ihnen war der Kurator und Kunstsammler Ernst Jürgen Otto. Am Abend mussten die Raumschlüssel abgegeben und in einer Geldkassette verschlossen aufbewahrt werden. Besagte Kiste soll nur viermal geöffnet worden sein, einmal für die Inventarisierung und dreimal, um bestimmte Stücke für Ausstellungen herauszunehmen, bevor im Herbst 1947 entdeckt wurde, dass Gegenstände im Schätzwert von etwa 250.000 Pfund Sterling (damals ca 1.375.000 Reichsmark) daraus fehlten. Der Verdacht fiel sowohl auf einen britischen Offizier, der das Gold eingeschmolzen haben soll sowie auf den Kurator, da man in seinen Privaträumen in einer Kommode verschiedene, vergleichsweise unbedeutende Exponate fand – samt einer Auflistung, woher sie angeblich stammten: aus einem Schrank in einem unbewohnten Raum des Schlosses. Otto und das gesamte Personal wurden entlassen. Die Ermittlungen zogen sich hin und weitere Vernehmungen ergaben, dass die Kiste zeitweise unversiegelt und eine Fensterscheibe des „Goldzimmers" nicht intakt gewesen war, Ohrringe im Raum herumlagen und Mitarbeiter die Schlüsselverwahrung auch nicht allzu genau nahmen. Es dauerte letztlich bis April 1948, bis eine Liste der fehlenden Gegenstände – sie zählten teils zur Sammlung Friedrich Ludwig von Gans (Nachkömmling der einst in Celle ansässigen jüdischen Händlerfamilie, die hier über 150 Jahre gelebt hat) – an die deutsche Polizei übergeben wurde. Darauf standen unter anderem 47 Ringe, 23 Ketten, 28 Armreifen, 32 Paar Ohrringe, 31 einzelne Ohrringe sowie 11 Fibeln. Im August 1949 stellte man Otto wegen Unterschlagung vor ein Militärgericht, das ihn mit der fadenscheinigen Begründung freisprach, „Gegenstände, die man stehlen wolle, bewahre man nicht in einer Kommode auf und schreibe auch nicht dazu, woher sie stammten." Ab 1949 oblag die Verwaltung der verbliebenen Kunstwerke der Deutschen Treuhandverwaltung, bis diese 1958/59 wieder an die alten Stätten zurückgegeben wurden. Der Raub wurde niemals aufgeklärt, die Exponate blieben dauerhaft verschwunden. Die Räume indes, in denen diese einst lagerten, gibt es teils noch immer.

Standort: Celle, Schlossplatz 1

60 Das Barilla-Museum

Knäckig-nudelige Alliance

Als der junge schwedische Bäcker Karl Edvard Lundström im Jahr 1919 eine Bäckerei eröffnete, konnte er wohl kaum ahnen, dass er mit seinen Produkten eines Tages Millionenumsätze erzielen würde. In dem kleinen schwedischen Ort Skellefteå jedenfalls war nicht vorherzusehen, dass das „Knäckebrot“ aus ausgerechnet seiner Backstube einst zu Weltruhm gelangen sollte. Doch dieses harte Brot, in Schweden allerorts aus Roggenmehl gebacken, welches mühelos auch lange Transportwege bis in die hintersten Winkel des riesigen Landes überstand und sich obendrein als extrem lagerfähig erwies, war wirklich etwas Besonderes.
Und Lundström entschied, was den Menschen auf dem Lande schmeckte, war sicherlich auch für die Städter nicht verkehrt. Er gab dem Gebäck den Namen Wasa – nach dem schwedischen König Gustav I. Wasa (auch Gustav Vasa (Vase = Ährengarbe), Gustav Eriksson Vasa oder einfach König Jösta; 1496–1560) – der nicht nur als Befreier der Schweden von der Knechtschaft der Dänen, sondern auch als „Roggenkönig“ in die schwedische Geschichte einging. Der pfiffige Bäcker produzierte in seiner Skellefteå Spisbröd Factory und ließ das Knäckebrot übers ganze Land verteilen. 1931 wurden Sitz und industrielle Produktion der Firma in die schwedische Stadt Filipstad verlegt – und erstmals der Klassiker Wasa Vollkorn gebacken. 1950 wurde Wasa zum Hoflieferanten des schwedischen Königshauses ernannt und in Hamar, Norwegen, bald eine weitere Wasa-Produktionsstätte eröffnet. 1967 entstand das erste und einzige deutsche Werk in Celle – inmitten des damals größten und geschlossenen Roggenanbaugebietes in Deutschland. Durch ein tragisches Unglück während der Bauzeit stürzte das dritte Stockwerk des Getreidesilos ein, es gab mehrere Verletzte und Tote. Das Werk ging dennoch an den Start und 1977 wurde darin der hundert Meter (!) lange Knäcke-Brotbackofen eingebaut. In den Jahren von 1933 bis 1993 wurden etwa 44 Milliarden Scheiben Knäckebrot ausgeliefert – aneinander gelegt über 130 Erdumrundungen.
Wasa gilt heute als weltgrößter Hersteller von Knäckebrot und exportiert selbst koschere Ware (es kommt monatlich ein Rabbiner aus Hamburg, um selbiges zu überprüfen) rund um den Globus. Infos zur Knäckebrotherstellung sowie über den italienischen Nudelfabrikanten Barilla, der den Betrieb 1999 übernahm, finden Sie im Barilla-Museum in Celle, eher ein Museumchen, welches die Geschichte und Geschicke beider Häuser auf einigen Stellwänden dokumentiert, die zwischen dem Shop-Angebot zu finden sind. Neben der Historie sind auch alte Gerätschaften wie ein Walzenstuhl, eine Labor-Versuchsmühle oder eine Pasta-Stanze zu entdecken. Der Markenname Wasa wurde von Barilla übrigens beibehalten, ebenso das blaue Logo, welches als Ähre gestaltet und mit Krönchen auf dem „s“ verziert ist – eine Anlehnung an den schwedischen „Roggenkönig“ Gustav I.
Wussten Sie, dass der schwedische Wasa-Lauf bereits seit 1922 veranstaltet wird und eine der größten Skilanglaufveranstaltungen der Welt ist? Und dass 1983 in Celle der erste Wasa-Volkslauf stattfand, ein internationaler Volkslauf mit Strecken von 5, 10, 15 und 20 km sowie dem Mini-Wasa-Lauf (2,5 km), der als größter Volkslauf überhaupt in ganz Niedersachsen gilt?

Standort und Navigation: Celle, Wasastraße 10
Öffnungszeiten: dienstags bis freitags 11:00–18:00 Uhr, samstags 10:00–14:00 Uhr

61 Der Plenarsaal im Oberlandesgericht

Wo seit Jahrhunderten Recht gesprochen wird

Zu den Pflichten eines Kurfürsten gehörte es, im Land eine Einrichtung zu schaffen, in der Recht gesprochen wird. So geschehen im Jahr 1711 in Celle, das kurhannoversche Oberappellationsgericht wurde begründet. Heute heißt es Oberlandesgericht (OLG) – über achtzig Richter sind dort tätig und es ist, neben dem Kammergericht in Berlin, das älteste von 24 deutschen Obergerichten.

Die Entscheidung für Celle war, neben dem Umstand, dass hier bereits eine große Kanzlei (Behörde) ansässig war, sozusagen eine milde Gabe an die Bürger zu leisten, nachdem die Residenz nach Ableben des letzten Celler Herzogs Georg Wilhelm nach Hannover zurückverlegt wurde. Zusammen mit dem Landgestüt sollte diese den Schmerz etwas lindern, welchen diese Zäsur vor allem in wirtschaftlicher Hinsicht für die Bevölkerung bedeutete: Dornröschenschlaf – und das bis heute. Gleichwohl sorgen Gericht wie Landgestüt noch immer für Bekanntheit der Stadt. Zur alljährlichen Hengstparade im Frühherbst jeden Jahres strömen Tausende in die alte Residenzstadt. Zum anderen sorgen spektakuläre Gerichtsprozesse am OLG immer wieder für Aufmerksamkeit in den Medien. Damals indes bedeutete die Gründung des Gerichts die Unabhängigkeit von den deutschen Reichsgerichten. Hier wurde nun nach Recht verschiedener Fürsten- und Herzogtümer verhandelt, die Senate nach Landstrichen (heute nach Rechtgebieten; s. Kap. 22) aufgeteilt und die Richter nach Herkunft eingesetzt – es gab ja noch keine Stätte, die das nun angewendete Recht lehren konnte, die Universität in Göttingen wurde erst zwanzig Jahre später gegründet.

Im Plenarsaal (lat.: plenum = vollzählige Versammlung) des 1842 notwendig gewordenen Neubaus im Rundbogenstil kamen die Verantwortlichen zusammen, um sich zu beraten. Vollständig renoviert und restauriert, wird dieser heute indes für Vorträge, Jubiläen, Tagungen genutzt. Lange fristete die bauliche Schönheit verborgen unter dicken Farbschichten und abgenutzten Linoleumböden ein unauffälliges Dasein. Zur 300-Jahrfeier im Jahr 2011 indes erstrahlte der Saal in neuem und behutsam wiederhergestelltem Glanz von einst und erfreut seitdem mit vielen interessanten Details wie instandgesetzter Fassade und historischer Fensterteilung, authentischer Farbgebung sowie dem wieder freigelegten Parkettboden. In mühevoller Kleinarbeit stellten Restauratoren die Rankenmalerei her, die 1932 großteils überstrichen worden war und mithilfe von UV-A-Licht sehr kleinteilig in Original nachgewiesen werden und so als Vorlage für die neue Ornamentik dienen konnte. An den Wänden hängen die großen Porträts der einstigen Landesherren. Auch die preußischen Kaiser Wilhelm I. und Friedrich III., welche die Geschicke der Zeit einst hierher führte und die nach napoleonischer Besatzungszeit (und damit der offiziellen Einführung mündlicher Gerichtsverhandlungen) mit der ihrigen Gerichtsreform nunmehr im ehemals Kurhannöverschen für Recht und Ordnung sorgten, haben hier – sehr zum Entsetzen so mancher welfentreuer Niedersachsen – ebenfalls Eingang in die ehrwürdige Galerie im ebenso ehrwürdigen Plenarsaal gefunden.

Standort und Navigation: Celle, Schlossplatz 2

62 Gaststätten in Celle 6

Von alten Ausspannwirtschaften, feinen Gasthäusern, historischen Schänken, fremden Küchen, gemütlichen Cafés, angesagten Szenelokalen und Kultkneipen

Das Haus an der Aller, das einst den Mitgliedern des legendären Allerclubs vorbehalten war – allesamt seinerzeit männlich, wohlhabend und einflussreich – beherbergt heute das „bell Mundo“. Der Bau wurde 1892 eingeweiht und bis 1936 als Clubhaus genutzt, am Südgiebel ist noch der Schriftzug „Allerclub“ zu lesen. Darin waren Lese-, Spiel- und Esszimmer ebenso wie Gesellschafts- und Billardräume zu finden. Am Wochenende speisten die Mitglieder hier, die dazugehörigen Damen mitsamt ihren Kindern kamen nachmittags zum Austausch bei Kaffee und Kuchen. Es wurde darin getanzt und gefeiert, bis die Geschichte dem unbeschwerten Gesellschaftsleben ein Ende bereitete. Das Haus wurde verkauft, das Clubleben ruhte bis 1946. Doch bis dahin war halb Celle auf den Beinen, wenn im Allerclub ein Sommerfest angesagt war – mit Musik, bunten Lämpchen, die sich im Flusswasser vielfach wieder spiegelten, Feuerwerk und vielen Zaungästen! Heute ist die „bell Mundo Sunshine Bar & Kitchen“ beliebter Treffpunkt bei Jung und Alt – und bietet einen spektakulären Blick auf den Fluss! Den Allerclub gibt es übrigens immer noch.

Das „Esszimmer“ ist ein Hotspot der guten Stuben in der Residenzstadt und erobert mit seiner jungen, frischen Küche tout Celle! Gegessen wurde in den Räumlichkeiten früher schon gerne, die Bewirtungs- und Schankrechte datieren bis 1906 zurück. Angeblich sollen darin einst auch die Kantinenräume der alten Burgkaserne gewesen sein.

Ein großes Aufatmen hörte man in Celle, als der legendäre Gasthof Krohne nach jahrelangem Leerstand 2016 unter dem Namen Dackels Krohne wieder eröffnete. „Krohne“ lebt also samt altem Kachelofen, den bleiverglasten Fenstern und Holzbänken wieder, die Hausmannskost ebenfalls. Von hier begann einst der Siegeszug der „Celler Rohe Roulade“, die über sämtliche Stadtgrenzen hinaus zur kulinarischen Berühmtheit geworden ist. Die Spezialität, in den Fünfzigerjahren vom damaligen Krohne-Wirt entdeckt, setzte dieser auf seine Speisekarte. Seitdem zählt die Rohe Roulade hier zum kulinarischen Kult!

Der Gasthof Zur Riete war 1866 noch das Pfarrwitwenhaus im Celler Stadtteil Groß Hehlen und wurde einige Jahre später als Schankbetrieb und Ausspannwirtschaft für Besucher der nah gelegene Kirche Sankt Cyriakus betrieben. Heute wird dort in fünfter Generation saisonal-regionale Küche mit traditionellen Rezepten aus der Gegend angeboten.

Seit 2009 ist das Cafe Müller-Schümli im einstigen Celler Brauer-Amtshaus und späteren „Ratzeputzhaus“ ansässig. Ratzeputz ist die weltweit bekannte Kult-Kräuter-Ingwer-Spirituose aus Celle und war eines der Lieblingsgetränke nicht nur der berühmten Berliner Künstlerin Claire Waldoff. Besonders schön: die alten Gesellschaftsräume im ersten Stock.

Standorte und Navigationen:
Bell Mundo: Celle, Hafenstraße 2
Esszimmer: Celle, Hostmannstraße 37
Dackels Krohne: Celle, Im Kreise 12
Zur Riete: Celle, Riete 1
Café Müller-Schümli: Celle, Zöllnerstraße 19

63 Das Häuschen in der Aller

Kurze Geschichte der städtischen Wehre

CellerInnen ist die Aller bestens vertraut – man kann ihr hier nirgends aus dem Weg gehen – irgendwo und irgendwann stößt man unweigerlich an die Ufer des 260 Kilometer langen rechten Nebenflusses der Weser. Was viele nicht wissen: Die Aller ist der größte, nicht ins Meer mündende Fluss in Norddeutschland; der Verlauf geht von der Quelle im Westen der Magdeburger Börde zwischen Oschersleben und Helmstedt bis zur Mündung in die Weser bei Verden. Gut 115 Kilometer der sogenannten Unteraller sind als Bundeswasserstraße ausgewiesen.

„Ise, Lachte, Örtze, Böhme sind der Aller ihre Söhne, Oker, Fuhse und die Leine sind der Aller ihre Beine", mit dieser Eselbrücke lernte früher jedes Kind die der Aller zugehörigen Nebenflüsse rechts (Söhne) und linksseitig (Beine) auswendig. Zum Celler Stadtgebiet zählt der Fluss etwa ab dem kleinen Ort Bockelskamp südöstlich von Celle bis hinter dem nordwestlich gelegenen Stadtteil Boye. Einst muss der Fluss mit seinen üppig mit Erlen bewachsenen Ufern (daher möglicherweise der Name: Erler=Eller=Aller), den teils starken Gefälle und gefährlichen Stromschnellen wild mäandernd und „wie eine Maus im Löwenkäfig" durch die Gegend geflossen sein. Mit Stadtgründung 1292 galt es, diesen zu zähmen und zu nutzen – doch die Hochwassermarken mancherorts zeugen noch heute davon, wie schwierig genau dieses Unterfangen stets war.

Erste Wehranlagen, Mühlen und Schleusen entstanden bereits ab dem 14. Jahrhundert, sie sind teils noch in nah gelegenen Orten im Landkreis wie Osterloh, Langlingen oder Oldau zu entdecken. Noch heute ist auch am „großen Überfall", einer Flussgabelung oberhalb des Hafens, eine Anlage bestehend aus der 1899 im neoklassizistischen Stil erbauten Ratsmühle (wahrscheinlich 1387 als Mühle errichtet; bis 2009 für Wasa, seitdem mithilfe von drei Turbinen zur Stromerzeugung genutzt) und der 1616 errichteten Herrenmühle zu finden. Dazwischen steht – mitten in der Aller und nur durch einen schmalen Steg zu erreichen – ein Wehrhäuschen. Es wurde 1904 als Nachfolgebau einer Mühle erbaut und erinnert mit seiner Fachwerkbauweise und den grünen Fensterläden an die Häuser in der Altstadt. An einem Giebel können Sie zwei Holzfiguren, die einen Hecht und eine Forelle darstellen, entdecken, gen Nordosten sind daran kleine Dämonen mit menschlichen Zügen zu finden, vielleicht mit jenen der damals tätigen Wasserbaubeamten.

Das von Wasser umtoste Häuschen zählt, ebenso wie das Maschinenhaus und das feste zweistufige Überfallwehr, zur denkmalgeschützte Walzenwehranlage am Allernordarm, welche von 1937 bis 1939 auf Vorläuferbauten errichtet und Mitte der Neunzigerjahre saniert wurde. Das alte Walzenwindwerk aus dem Jahr 1937 ist am Allerufer zu sehen. Am Allersüdarm befindet sich zudem ein kleineres Überfallwehr. Da die Wehre die Fischwanderung behindern, wurde 2012 zwischen Ratsmühle und Wehrhäuschen eine Fischtreppe, oder korrekt, eine Anlage zur Herstellung der ökologischen Durchgängigkeit installiert, und alles, was sich in der Aller tummelt – von Aalen bis Weißfischen – kann mühelos hindurchschwimmen. Heute ist das Wehrhäuschen Teil des Niedersächsischen Landesbetriebes für Wasserwirtschaft, Küsten- und Naturschutz.

Standort und Navigation: Celle, Allerbrücke / Alter Bremer Weg

64 Die steinernen Grenzen

Wo Celle einst zuende war

Jahrhundertelang mit Mauern und Wall umgeben, bildeten einst nur die schmucken Fachwerkbauten den Kern der Stadt Celle. Doch mehr und mehr Ansiedlungen außerhalb, neue Bauten am Schlossplatz und der sogenannten Vorburg, Hospitäler weit draußen und Wohngegenden nahe der Aller sowie manche von den Obrigkeiten angedachte Stadterweiterung, ließen die Vorstädte entstehen und wachsen: die Altenceller Vorstadt (Blumlage), die Hehlentor Vorstadt und die Westceller Vorstadt mit Neustadt, Altenhäusen und Neuenhäusen. Diese Vorstädte inklusive achtzehn Dörfer, wie etwa Osterloh, Alvern oder Adelheidsdorf, sowie einigen Hofstellen rings um Celle gelegen, bildeten dereinst zusammen mit dem Schloss und einigen landesherrlichen Gebäuden die Burgvogtei – welfisches Machtzentrum und zugleich historisches Verwaltungsgebiet des Fürstentums Lüneburg sowie später des Königreichs und noch später der preußischen Provinz Hannover.
Celles älteste Vorstadt ist „de Bloemlage", bereits 1308 belegt und damals noch südlich der heutigen Altstadt gelegen. Die Umsiedlung gen Osten erfolgte 1530 unter Herzog Ernst dem Bekenner, um mehr Platz für die Innenstadt zu schaffen. Hier lebten früher vor allem jene Bürger, denen das Leben keinen Platz auf der Sonnenseite bescherte hatte – und erst recht keine Bürgerrechte – Juden, Arme, sozial Geächtete wie Huren und Henker.
Bereits im 16. Jahrhundert gab es auch Ansiedlungen in der Westceller Vorstadt, wie etwa das Vorwerk „Im Sande", heute ist darin unter anderem der katholische Kindergarten zuhause. Ab 1680 beginnt eine systematische Stadterweiterung im Westen vor dem einstigen Westercellertor. Manches Palais zeugt noch heute von der Gründung „Neuenhäusens" und Straßen wie die „Breite Straße" erinnern an das Vorhaben des damaligen Herzogs Georg Wilhelm, die Stadt erneut zu erweitern, welches übrigens nie vollendet wurde – danach wäre die Bebauung bis zur Aller erfolgt. Weitere Umsiedlungen im 17. Jahrhundert begründen die Stadtteile Altenhäusen und Neustadt: Bürger, die „zu nah" am Schloss zuhause waren, mussten ihre Häuser verlassen und neu zugezogenen Familien weichen, die am Hofe tätig waren. Die Bauten wurden abgebrochen, neue geschaffen, die ehemaligen Bewohner bekamen in der „neuen Stadt" Grundstücke zugewiesen.
Die Hehlentor Vorstadt war einst das Ackerland der wohlhabenderen Städter, hier hatten sie ihre Nutzgärten und bauten ihren Wein an, hier entstanden die ersten Friedhöfe der Stadt. Das Spannende an den Vorstädten: Im März 869 wurden diese allesamt eingemeindet und die ganze Sache dann gleich mit einigen Grenzsteinen markiert, die teils heute noch zu finden sind. Entdeckt hat sie der Celler Diplom-Agraringenieur und Kulturlandschaftsforscher Florian Friedrich, der es sich, wie es auf seiner Homepage heißt, zur Aufgabe gemacht hat, kulturgeschichtliche Landschaftsspuren aufzuzeigen, um damit einen neuen Blick auf das Alte zu ermöglichen und einen kommunikativen, gesellschaftlichen Prozess anzustoßen, mit dem Ziel, regionale Identität in unserer zunehmend globalisierten Welt zu erhalten. Genau das gelingt ihm ganz hervorragend mit seinen besonderen Funden!

Standorte und Navigationen:
Celle, Wittinger Straße, am Übergang Freitagsbach
Celle, Hannoversche Straße, stadtauswärts hinter Deichmann Höhe Blumenstraße
Celle, Braunschweiger Straße, Höhe Autohaus Kia, Ecke Langenbeckstraße
Weitere Infos: www.friedrich-kulturlandschaft.de

65 Von Weltmeistern und Olympiasiegern

CellerInnen schreiben Sportgeschichte

Celle ist eine Sportstadt! Diesen Beweis erbringt nicht nur die tägliche Regionalpresse mit ihrer umfangreichen Berichterstattung, sondern das zeigt auch die Liste jener Menschen, die sich eines Weltmeistertitels oder Olympiasieges rühmen dürfen – einige von ihnen sind oder waren hier zuhause oder jedenfalls in Vereinen aktiv. Hier eine Auswahl derer, die einen der ersten drei Plätze dabei gewinnen konnten (Rhönrad s. Kap. 96): Das Herz von Otto Stumpf schlägt für den Kanusport – 1965 wurde er mit Bruder Heiner Weltmeister im Kanu-Slalomfahren. Schwester Kirsten siegte 1967 im Einer-Slalom-Kajak, Markus Terres gewann 2011 mit der Mannschaft WM-Gold im Kanufahren. Auch Olaf von Hartz darf sich eines WM-Titels im Wildwasser-Kanufahren rühmen: Er siegte 2014 bei der WM in der Klasse Masters D. Andreas Jorczyk und Adrian Timner wurden 1986 beim Abfahrt Wildwasser Junioren-WM. Einen Zweifach-WM-Sieg im Schlauchbootfahren konnte Tobias Wöhlk 2010 für sich verbuchen. Der Celler Springreiter Hermann Schridde gehörte zu den Großen des Reitsports, bis er 1985 bei einem Flugzeugabsturz ums Leben kam. Bei den Olympischen Spielen 1964 in Tokio wurde er mit der deutschen Mannschaft Olympiasieger im Springreiten und Zweiter im Einzel. 1968 gewann er in Mexiko-Stadt, ebenfalls mit der Mannschaft, Bronze. Die Dressurreiterin Heike Kemmer erritt mit ihrem Fuchswallach Bonaparte zweimal olympisches Gold (2004 und 2008) sowie einmal Bronze (2008). Der Sattlermeister Ekkert Meinecke aus Eicklingen wurde 1985 erster Weltmeister im Zweispänner-Fahren, mit der Mannschaft bekam er die Silbermedaille. 1988 holte er noch einmal Bronze nach Hause. 2010 gewann Patrick Leineweber bei der Ruder-WM der Junioren in Tschechien die Goldmedaille. Peter Kluge, der für den Celler Ruderverein antrat, bekam bei der U23-WM in Litauen im Achter Silber. Sybille Exner wurde 2003 bei der Junioren-WM in Litauen sowie 2005 bei der U23-WM in Holland jeweils mit Bronze belohnt. Die Cellerin Anja von Rekowski wurde 1997 in Paris Vize-Weltmeisterin beim Judo. Nadine Ernsting Krienke hat das Hockeyspielen in Celle erlernt und errang 1992 bei den Olympischen Spielen in Barcelona Silber, 2004 in Athen Gold, bei der WM 1998 in Utrecht Bronze. Die Leichtathletin Silke Beate Knoll gewann zusammen mit drei weiteren Läuferinnen 1995 bei der Leichtathletik-WM in Göteborg, Bronze in der 4-mal-100-Meter-Staffel. Die Celler Individualsportlerin Leslie Ellen Lanz war 2004 Militär-Weltmeisterin in Warendorf und wurde 2003 Drittplazierte in Zagreb. 1968 bei den Olmpischen Spielen in Mexiko gewann die Schwimmerin Angelika Kraus die Bronzemedaille. Die Celler Minigolf-Weltmeisterin heisst Jasmin Ehm und gewann bei der Bahnengolf-WM in Lahti 2015 zweimal Gold mit der Mannschaft sowie Silber im Einzelkampf. Tristan Kleiner holte bei der Minigolf-Junioren-WM 2016 mit der Mannschaft Gold, einzeln Silber. Bei den Special Olmpics World Games 2011 in Athen wurde Hans-Walter Glomm Tischtennis-Olympiasieger im Einzel und Doppel. Dritter im Sitzvolleyball wurde 2012 bei den Paramlymics in London Thorben Schiewe, der für seine Leistungen – wie übrigens seinerzeit auch die Stumpf-Geschwister – mit dem Silbernen Lorbeerblatt, der höchsten sportlichen oder musischen Auszeichnung in Deutschland, ausgezeichnet wurde. Von wegen, in Celle lebten nur Beamte…

Weitere Infos: www.celle.de/Leben/Freizeit/Sport-und-Spiel

66 Die Illusionsmalereien am Alten Rathaus

Wir sind die Mächtigen!

Wohl bereits mit Stadtgründung 1292 errichtet, findet das Celler Rathaus jedoch erst 1378 urkundlich Erwähnung. 1561 wurde ein Neubau über den Gewölben des mittelalterlichen Vorgängerbaus errichtet. Der Nordgiebel im Stil der Weserrenaissance wurde 1579 gebaut. In den Jahren 1580/81 erfolgte eine Erweiterung – der Südflügel entstand, 1785 kam der Umbau in Massivbauweise. Der Baumeister verschiedener Flügel, Jakob Rieß, bekam dabei ein winziges Denkmal gesetzt, sein Konterfei kann man noch heute an der Fassade links vom Portal am linken Eingangspfeiler entdecken. Zudem ist auch der „Knick" zwischen den verschiedenen Bauten erkennbar. 1938 wurde der Rathausbau Richtung Süden um fünf Meter verlängert sowie die Innenarchitektur neu gestaltet.

Als Mitte der Achtzigerjahre ein Neuanstrich notwendig wurde, wurden bei Arbeiten sechzehn Farbschichten auf der Fassade entdeckt, die im Laufe der Jahrhunderte aufgetragen worden waren – viele in monochromen Grau- und Gelbtönen. Doch man fand auch anderes. Die Entdeckung einer Schicht Illusionsmalerei aus dem 17. Jahrhundert mit Diamantquaderung sowie gemalten Nischen, Säulen, Löwenköpfen, Fruchtornamenten und Muscheln, die auf Grund von gefundenen Rechnungsbelegen auf das Jahr 1697 datiert werden und dem barocken Künstler namens H. J. Süersen zugewiesen werden konnten, war eine kleine Sensation und man beschloss im Rat, diese Malerei soll es nun wieder werden. Doch die neue Kunst hielt nicht lange. Größere Schäden – die Ölmalereien vertrugen sich nicht mit dem historischen Putzuntergrund – machten eine aufwändige Sanierung erforderlich. Das Rathaus wurde à la Christo verhüllt, und es stellte sich heraus, dass der Putz mit den Barockmalereien teils so schwer beschädigt war, dass die Erhaltung auf der Fassade kaum mehr möglich war. Fassade inklusive Putz wurde kurzerhand von der Wand abgelöst und konserviert. Für die neue Fassadenbemalung wurden neue Putzmuster angelegt und Farbtöne nach Originalvorlagen konzipiert, schließlich der Sanierputz sowie die Malereien mit Dispersionssilikatfarbe mit Zink-Weiß als Weißpigment (statt üblichem Titandioxid) aufgetragen.

Es dauerte Jahre, bis die Fassade nach einem Kostenaufwand von fast zwei Millionen Euro im Glanz der einzigartigen Quader- und Illusionsmalereien, übrigens eine Form der Scheinarchitektur, die das Vorhandensein baulicher Elemente und Einrichtungen vorgibt und für jene Zeit typisch ist, neu erstrahlte – was mitnichten allen CellerInnen gefiel. Viele sehnten das „Welfen-Gelb" zurück, welches den Bau lange Zeit dominiert hatte. Doch die Malereien sind einzigartig – es gibt im gesamten norddeutschen Raum keine vergleichbaren Beispiele mehr dazu. Sie sind somit von großer kunst- und kulturgeschichtlicher Bedeutung, egal ob einst vom Herzog in Auftrag gegeben oder vielleicht als kleine Machtdemo der Ratsmitglieder gegenüber Fürsten und Bürgern gleichermaßen zu verstehen: Wir sind die Mächtigen in Celle! Nicht umsonst sind Rathäuser schließlich fast immer die größten, prächtigsten und schönsten Profanbauten einer Stadt! By the way: Schauen Sie sich neben dem Portal auch die Elle sowie das Stadtmodell im Erdgeschoss an!

Standort und Navigation: Celle, Markt 14 – 16

67 Rohmer Recorders

Die fast unbekannte Blockflötenwerkstatt

Nichts weist auf das musikalische Innenleben hin, wenn man vor den Resten eines Industriedenkmals steht, einem alten Backsteingemäuer – einst Kraftwerk und später Schokoladenschmelze der legendären Celler Trüllerwerke (s. Kap. 71). Schon immer so verborgen, ist die Blockflötenwerkstatt Rohmer Recorders bereits seit 1986 in der Residenzstadt ansässig, die Kundschaft indes verteilt sich über den gesamten Globus und ist überall dort zu finden, wo europäische Musik geschätzt und gespielt wird. Auch die Adresse ist nur wenigen bekannt, gleichwohl ist die Meteorstraße nach einer Trüllerschen Produktreihe, Kekse, Mehl, Kakao und Zwieback umfassend, benannt.

Joachim Rohmer, gebürtiger Esslinger und gefühlt längst Norddeutscher, hat sich den alten Meistern verpflichtet und hat sein Handwerk dafür von der Pike auf gelernt. 1980 ging er bei der Musikinstrumentenfirma Moeck in Celle in die Lehre. 1983 legte er die Gesellenprüfung ab und machte sich drei Jahre später selbstständig. Seitdem finden Liebhaber aus aller Welt beim ihm ihre Instrumente. Diese entstehen in reiner Handarbeit – ein Höchstmaß an Hingabe, Präzision, Ästhetik, Konzentration und Leidenschaft. Neunzig Prozent des Sortiments sind Nachbauten aus der Barockzeit, einige wenige aus dem Frühbarock und der Renaissance. So finden sich bei Rohmer Blockflöten wie Sopran, Alt oder Tenor, die meisten aus europäischem Buchsbaum gearbeitet, manche, leichtere Modelle auch aus Kirsche, Pflaume oder Birne, andere wiederum aus Riegelahorn oder geflammtem Buchsbaum, Eben- oder Schlangenholz, mit Mammutelfenbein, feiner Silberornamentik und edler Holzschatulle.

„Je härter das Holz, desto brillianter ist der Ton und umso stärker das Resonanzphänomen", so Rohmer (Jg. 1960), der auch Voiceflutes herstellt. Diese ähneln Tenorflöten, sind jedoch einen Ton höher gestimmt und auch für Traversflötenstücke, wie sie beispielsweise der „Alte Fritz" liebte und spielte, geeignet. Ebenso finden Sie bei ihm 4th- und 6th-Flöten, Sopranflöten ähnlich und je einen Ton tiefer oder höher gestimmt, frühbarocke Instrumente sowie Ganassiflöten, Rekonstruktionen nach einer vorliegenden Grifftabelle des italienischen Viola da Gamba- und Blockflötenspielers Silvestro Ganassi dal Fontego – Flöten, von denen keine spielbaren Originale mehr erhalten sind. Doch wie entsteht eigentlich eine Flöte? Das Holz dafür muss zunächst jahrelang lagern und trocknen, bis es je nach Größe (je länger, desto tiefer die Töne) auf der Drechselmaschine gerundet und anschließend mit der Mittelbohrung versehen wird. Die endgültige Form wird ebenfalls von Hand gedrechselt. Es folgt das Färben und Ölen mit Leinölfirniss, dann wird in millimeterfeiner Handarbeit der Windkanal eingezogen, das Labium geschnitzt und der sogenannte Block eingepasst, der den Blockflöten den Namen gibt. Sodann werden die Grifflöcher gebohrt und die Instrumente nach Werckmeister gestimmt, einer mitteltönigen Stimmung, die das Spiel in sämtlichen Tonarten ermöglicht. „Musik ist in erster Linie Kommunikation", so lautet Joachim Rohmers Credo, weswegen er in der alten Kraftwerkhalle künftig auch hochkarätige Musik- und Kulturveranstaltungen anbieten möchte. Wir sind gespannt!

Standort und Navigation: Celle, Meteorstraße 6
Weitere Infos: www.rohmer-recorders.de

68 Das Engelsauge

Ein ganz besonderer Baum

Der Baum mag hundert, vielleicht auch schon 180 Jahre alt sein, keiner weiß es so ganz genau und auch nicht, warum er so seltsam gewachsen ist. Ob sich der Baum in einem sehr frühen Wachstumsstadium geteilt hat, wie es wohl passieren kann, wenn Bäume auf Wasseradern wachsen (die jedoch an der Stelle nicht vorhanden sein sollen)? Ob er als „Weissagung aus der Erde“ auf der Kreuzung sogenannter geomantischer Linen steht oder ob ursprünglich nur zwei Eicheln sehr nah nebeneinander gekeimt haben und sich sehr früh und sehr innig einander zugewandt haben? Fakt ist: Die beiden miteinander verwachsenen Eichenstämme haben sich zu einem besonderen Baum entwickelt. Aufgrund des ungewöhnlichen Wuchses hat sich im Laufe der Zeit nämlich ein sogenanntes Engelsauge gebildet. Üblicherweise teilt sich dabei ein Baumstamm, die Hälften wachsen einzeln weiter (Zwieselbildung) und verschmelzen irgendwann wieder miteinander. Ein Loch entsteht. Im Fall des Baumes in Boye hat ein Ast, der vom einen zum anderen Baum hinüberwuchs, das Engelsauge (auch Elfenauge) durch einen sogenannten „Baumkuss“ gezaubert. Das ist eine Art Konstruktionsprinzip des Baumes bei erhöhter Belastung, etwa durch Wind, und wird heute beispielsweise auch für Prothesen genutzt. Der Zweig des einen scheuerte in dem Fall am Stamm des anderen, es entstand eine Wundstelle und der betroffene Stamm hat diese sogar umwachsen, umwallt, wie Fachleute dazu sagen.

Für die Menschen früher waren Bäume mit einem Engelsauge besondere Orte mit mystischer Kraft. Demnach schritten bereits die Kelten durch Engelsaugen hindurch, weil der Baum alles Schwere und Schlechte dabei von ihnen abstreifen sollte. Säuglinge wurden hindurch gereicht oder getragen, um sie vor Unheil zu bewahren und sie mit der Kraft des Baumes zu segnen. Wenn das Engelsauge indes zu klein geraten war, soll auch ein intensiver Blick hindurch auf gleiche Weise gewirkt haben. Dass Bäume, je nach Art, auch besondere Kraft spenden können, davon war auch Otto von Bismarck, der als eiserner Kanzler in die deutsche Geschichte einging, felsenfest überzeugt. In seinem Garten sollen drei „Inspirationsbäume“ gestanden haben, die er, je nachdem, was ihm gerade auf der Seele lag, um Rat und Kraft bat: eine Linde, eine Birke und eine Eiche. Die Linde steht für Milde und Gerechtigkeit, weswegen früher oftmals unter Linden Gericht gehalten wurde. Birken symbolisieren Leichtigkeit und zugleich Schutz, sie waren daher oft an Wegen zu finden, zudem wurden sie bei Kinderwunsch um Hilfe gebeten. Eine Eiche kann 30 Generationen und mehr überdauern und steht daher für Standfestigkeit, ja sogar für die Ewigkeit. Tatsächlich sind jahrhundertealte Eichen keine Seltenheit, europaweit gibt es sogar einige Exemplare, die bereits 1000 und mehr Jahre alt sind.

Die Eiche, zwischen den beiden Celler Ortsteilen Klein Hehlen und Boye zu finden, ist noch vergleichsweise jung, doch ihre Kraft mag durch das Engelsauge besonders stark sein. Auch im „Schweinebruch“, einem Waldstück im Ortsteil Altenhagen, soll ein Erlen-Engelsauge stehen, ebenso in einem Wald nahe des Vorortes Westercelle. Wo auch immer ein Engelsauge zu finden ist, nutzen Sie die Kraft!

Standort und Navigation: Celle, Steinbecksweg Richtung Norden, Beginn des Wäldchens links

69 Der Celler Hafen

Vom mittelalterlichen Güterumschlagplatz zur Marina des 21. Jahrhunderts

Nach üblicher Manier hätte Celle eigentlich Allerfurt oder so ähnlich heißen müssen, wurde der Ort doch an einer Furt gegründet. Diese indes war nie Teil des Stadtnamens, stattdessen wurde der mittelalterliche Ortsname Kellu, Stadt am Fluss, übernommen. Daraus entwickelte sich Tsellis, später Zelle, schließlich Celle.
Die Aller bestimmte lange die Geschicke des Ortes, eine große Rolle gebührte dabei dem Hafen, welcher von den Celler Seebären gern als Überseehafen bezeichnet wird, weil er eben doch gern übersehen wird. Jahrhundertelang war dieser indes Umschlagplatz für den Schiffsverkehr über Oker, Aller und Weser gewesen. Kaufleute von Bremen bis Braunschweig hatten Verträge mit den Celler Herzögen und später den Stadtvätern ausgehandelt, um den Transport sicherzustellen, da die Stromschnellen im Stadtgebiet stets ein Umladen erforderlich machten. Es wurden dabei vielerlei Geschäfte getätigt, vor allem mit Korn, und so mancher Celler erwarb sich hierbei einst seinen Reichtum. Immer wieder kam der Schiffverkehr indes im Laufe der Geschichte auch zum Erliegen, etwa während der Franzosenzeit, als Schiffe und Kornspeicher niedergebrannt wurden. Doch die Celler Kaufleute gaben nicht auf – 1835 waren sechzig Schiffe auf der Aller unterwegs.
Mit der Industrialisierung begann auch in Celle eine neue Zeitrechnung. 1904 wurde der Hafen ausgebaut, der 1906 einen Gleisanschluss zum Celler Bahnhof und damit an das Schienensystem der Osthannoverschen Eisenbahn erhielt. Die Kaimauer maß 350 Meter, die Wasserfläche bestand aus knapp 11.000 Quadratmetern, die Höchstumschlagsmenge im Jahr 1912 betrug über 125.000 Tonnen Ware – vor allem Petroleum, Getreide, Sand und Steine. Die Inflation indes machte der Schifffahrt auf der Aller beinah den Garaus und als nach Ende des Ersten Weltkrieges der Mittellandkanal Transportweg wurde, begann der Untergang des Celler Hafens. 1967 war das letzte Frachtschiff unterwegs. Man begann mit der Zuschüttung des Hafenbeckens und eine jahrhunderte-alte Tradition drohte damit zu unterzugehen – doch Gott sei Dank verschwand „nur“ die Hälfte unter Schutt und Sand, der Rest ist die heutige Hafenanlage. Diese wird heute fast nur noch touristisch genutzt und gehört den Bootsbesitzern, den Linien- und Ausflugsschiffen, die bereits in den Zwanzigerjahren auf der Aller hin und her schipperten und auch einen Hauptliniendienst anbieten, der eine zeitlang sogar im Kursbuch der deutschen Bundesbahn aufgeführt war. Er ist in fester Hand des Yachtclubs und wird oft von Schiffern aus anderen europäischen Ländern anvisiert. Auch das DLRG Celle hat hier seinen Sitz, hier liegt zudem das Kulturschiff MS Loretta. Auch die Celler Schiffahrts-Union, welche noch heute die Umschlagrechte innehält, ist im Celler Hafen angesiedelt. Angler sind aktiv und fischen nach Rotauge, Barsch, Hecht und Zander. Der Celler Hafen also lebt – und es geht weiter. Wo mal Ziegenbock Fietje als „erster Hafenmeister“ Skippergeschichte schrieb – seine Hörner wurden zum Erwerb des Bootsführerscheins und damit zum Erlernen von Back- und Steuerbord einst grün und rot angepinselt – entsteht gerade eine neue Marina, die Zukunft des Celler Hafens.

Standort und Navigation: Celle, Hafenstraße
Linienverkehr: Mitte April bis Mitte Oktober sonntags, dienstags, mittwochs und donnerstags 13:00 Uhr Richtung Boye, Stedden, Oldau und Winsen bis zur Schleuse in Bannetze.

70 Das Hagengericht und die Schlacht von Winsen

Monumentalkunst im alten Kreistagssaal

Im 12. und 13. Jahrhundert setzten sich hierzulande auf grundherrlichem Boden mehrfach neue Dorfschaften mit fremden Siedlern und eigenen, von der jeweiligen Landesherrschaft verliehenen Rechten an, man spricht von der Hagenkolonisation. Noch heute finden sich Orte mit dem Zusatz „Hagen“ im Namen, wie etwa Nienhagen, Langenhagen oder Altenhagen. Diese eigene Gerichtsbarkeit, zu der sich alle freien Männer, die Grundbesitz besaßen, auf dem „Hachtung“, unter freiem Himmel trafen, nannte sich Hagen- oder auch Hachegericht; es wurde meist Ende September abgehalten. Dabei wurden Delikte wie etwa Feldfrevel, Erbstreitigkeiten oder Verleumdungen verhandelt, andertags folgte der Gerichtssitzung das Hachfest. In Nienhagen, etwa zehn Kilometer südostlich von Celle gelegen und 1228 in einem Waldgebiet gegründet, wird es heute noch gefeiert – auch wenn das Hagengericht dort letztmals 1748 tagte.

Als 1369 der welfische Fürst Wilhelm II. von Lüneburg stirbt, ohne Nachkommen zu hinterlassen, müsste ihn nach den Hausgesetzen eigentlich der Braunschweiger Herzog Magnus II. Torquatus beerben, doch Kaiser Karl IV. belehnt statt seiner den Askanier (Anhaltiner) Albrecht von Sachsen-Wittenberg und dessen Onkel Wenzel I. – und löst damit den Lüneburger Erbfolgekrieg aus. Die Stadt Lüneburg schlägt sich auf die Seite der Askanier, die Welfen holen zum Gegenschlag aus. So geht es hin und her, bis zum Frieden von Hannover 1373, der besagt, dass beide abwechselnd regieren sollen. Doch der Krieg geht weiter: Im Mai 1388 stehen sich in der Schlacht um Winsen zwei Brüder gegenüber, sie verletzen sich im Gefecht tödlich. An den Bruderkampf erinnern heute zwei Steine. By the way: 1389 wurde der Erbverbrüderungsvertrag geschlossen, welcher das Fürstentum Lüneburg endgültig den Welfen zusicherte.

Diese beiden regionalhistorisch bedeutsamen Ereignisse hat der Künstler Gerhard Wendland (Jg. 1910) Ende der Dreißgerjahre an einer Wand im Sitzungssaal des alten Kreistagsgebäudes in Form eines imposanten Monumentalwerkes verewigt. Das Hachegericht trägt die Unterschrift: „Es wurde eingebracht und erkannt/dass der Hof dem nächsten Blute nach der Schwertseite zuerkannt werde als dem nächsten Erben/als ein Nienhäger Recht sei/weil das Kind verstorben.“

Unter dem Bildnis der Schlacht steht: „Trafen auf den Feind bei Winsen an der Aller/setzten zu ihnen hinein wie grimmige Lewen und geschahe allda ein bitter Streit auf Gottes Leichnams Abend.“ Das Bildnis war eine der ersten Auftragsarbeiten des jungen Malergesellen und Künstlers. Nach Studienreisen, Militärzeit und Kriegsgefangenschaft in Ägypten erhielt Wendland 1953 ein Stipendium. 1959 stellte er auf der documenta II in Kassel aus und galt bald als wichtiger Vertreter der Abstrakten Kunst nach dem Zweiten Weltkrieg. Seine Werke sind von zahlreichen Stilwechseln geprägt. 1960 erhielt er eine Dozentur in Nürnberg. Die Stadt würdigte ihn, ebenso wie sein Geburtsort Hannover, mehrfach mit großen Ausstellungen, zuletzt 2010 zu seinem 100. Geburtstag. Er starb 1986 in Unterhaidelbach am Moritzberg bei Nürnberg.

Standort und Navigation: Celle, Speicherstraße 2

71 Bomann-Museum V

Perspektiven der Arbeit

Der Fortschritt in Wissenschaft und Technik im 19. Jahrhundert bildet den Schwerpunkt des fünften Rundgangs Leistung, Streik und Gastarbeit – Perspektiven der Arbeit. Dabei geht es um Rohstoffe, Erfindungen, neue Arbeitsweisen und Produktionsverfahren, Celler Unternehmen und Unternehmer. Einer von ihnen war der Zwiebackfabrikant Harry Trüller.

Erst bäckt man einen leicht süßen Hefelaib (Einback), dann muss er ruhen, danach erst geschnitten und erneut gebacken (geröstet) werden: das ist Zwieback – zwi, also zweimal, gebacken. Kennt jeder. Mag fast jeder. Keine erstes Babybreichen früher ohne, bis heute erste Hilfe bei Magengrimmen und dergleichen Üblem mehr, dick mit Butter und Honig bestrichen kulinarischer Kult unzähliger Kindheiten.

Die Verbundenheit der Stadt Celle mit Zwieback ist fast so eng wie die von Hannover mit Keksen. Der Unterschied zu Hannover – dort wird weiterhin produziert, hier nicht. Doch so manchen CellerInnen sind noch die Slogans der Trüller-Werke, gegründet 1896, im Gedächtnis, wie beispielsweise „Iss immer düller Zwieback von Trüller", Inbegriff für die Trüllerschen Markenprodukte schlechthin. Dazu zählten Kekse, Waffeln, Kakao und Schokolade mit so klangvollen Markennamen wie Heidjer-Schnitten, Wunderspiel-Kekse (aus der Verpackung konnten Spielfiguren gebastelt werden) oder Celler Ruhm, ebenso der preisgünstige Trüller-Bruch, welche der Fabrikant, Bäckersohn und spätere Senator wie Ehrenbürger der Stadt, Harry Trüller, weltweit vertrieb. Zum Victoria-Milchzwieback sagte Trüller angeblich mal selbst: „Es gibt wohl kein Fleckchen Erde in der ganzen Welt, wo mein Victoria-Zwieback nicht bekannt – und was davon nicht zu trennen ist – auch beliebt ist."

Der als sozial geltende Unternehmer mit dem Lebensmotto allzeit voran – er gründete für seine „Trülleraner" unter anderem eine Werksbibliothek und Werkskrankenkasse – gilt als Erfinder der „eisernen Ration", ein mit Zwieback gefüllter Stoffelbeutel als Notfallnahrung für Soldaten. Trüller war zudem ein leidenschaftlicher Tüftler und entwickelte einen Zwieback-Röstofen sowie eine Zwieback-Schneidemaschine, welche heute im Celler Bomann-Museum zu sehen ist. Darüber hinaus sind noch einige Spuren der Celler Zwieback-Ära zu finden, die bis zur Produktionseinstellung 1977 bestand (heute Intersnack). Fabrikreste beispielsweise, das „Trüllerhaus", ehemaliges Wohn- und Geschäftshaus, ein früheres Verkaufshäuschen und der neuerdings wieder in original-rubinrot gestrichene Zaun des Verkaufslagers, welches Trüller, Förderer moderner Architektur, vom Neues-Bauen-Architekten Otto Haesler, dessen Arbeiten aus verschiedenen Bau- und Stilphasen an jeder Ecke in Celle zu sehen sind, 1924 in der Stadt errichten ließ. Auch sein Denkmal als Initiator der Celler Straßenbahn und sein Grab sind noch vorhanden. Für Nostalgiker: Schmucke Trüllerdosen sind auch heute noch in vielfacher Ausfertigung zu bekommen – auf Flohmärkten oder im Internet! Die Oskar-Trüller-Stiftung übrigens, von Harry Trüllers Nachfahren 1965 gegründet, unterstützt durch Auszahlung eines einmaligen Geldbeitrags oder durch eine Sachleistung bis heute bedürftige Celler Bürger, die unverschuldet verarmt und damit in Not geraten sind.

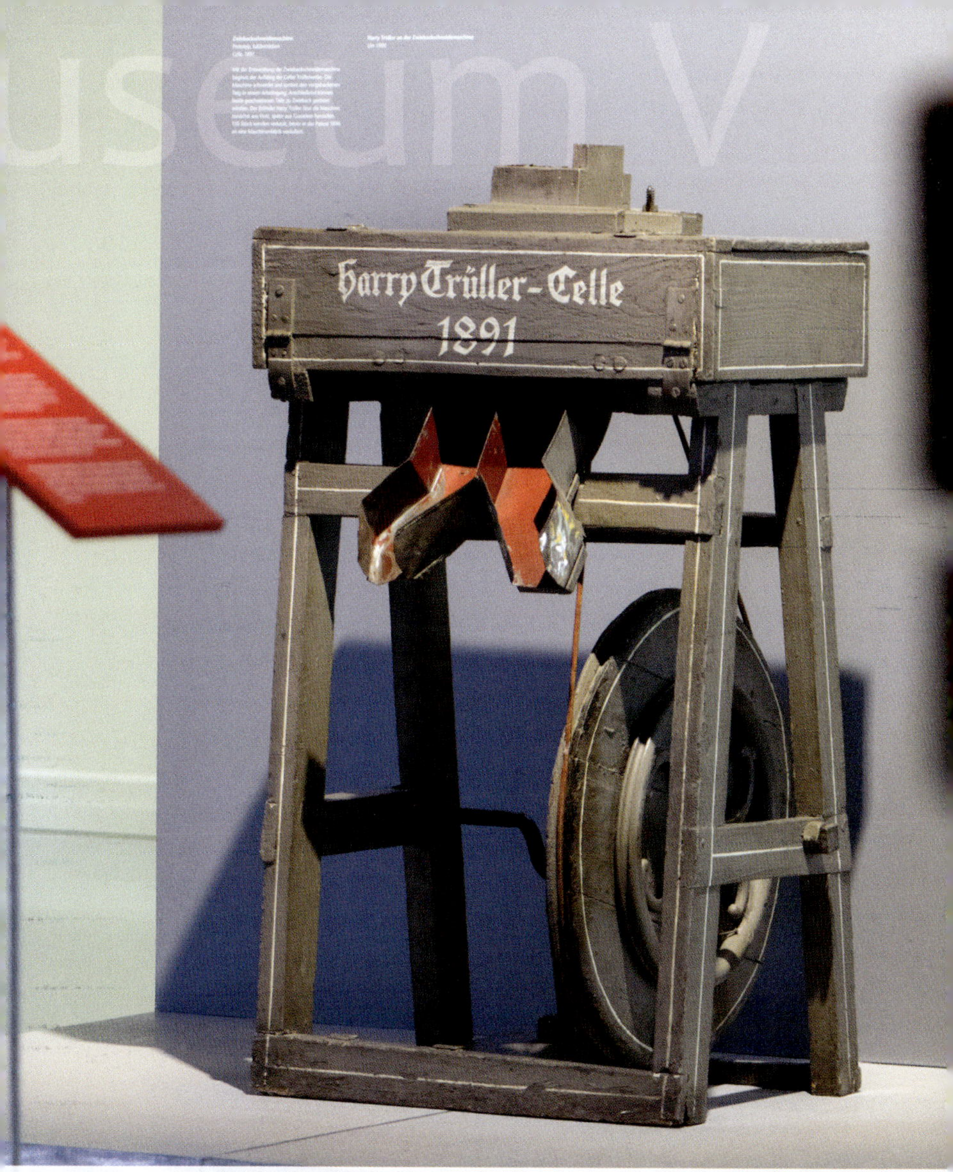

Standorte und Navigationen:
Zwieback-Schneidemaschine im Bomann-Museum: Celle, Schlossplatz 7
Altes Verkaufshäuschen: Celle, Torplatz 2
Fabrikreste: Celle, Wiesenstaße / Ecke Meteorstraße
Wohn- und Geschäftshaus: Westcellertorstraße 15
Denkmal: Celle, vor dem Verwaltungsgebäude der CE-Bus, Nienburger Straße 50
Grab: Celle, Friedhof Harburger Berg
Haesler-Zaun: Celle, Arno-Schmidt-Platz / Südwall

72 Das Modeatelier der Lappländerin Kristiina Karinen

Feinste Kunstwerke aus Strick

Skulpturen aus Strick, so könnte man vielleicht umschreiben, was die Modedesignerin Kristiina Karinen weltweit über Galerien, Kunst- und Designermessen, bei Textilausstellungen oder direkt an Privatkunden vertreibt. Die Liste ihrer Ausstellungsorte ist lang und liest sich wie ein Who is who: Ivo Milan, Cheong Ju International Craft Biennale, Museum für Kunst und Gewerbe, Grassi, The Modern Art of Knitting, die internationale Strickausstellung. Ihre Klientel sind modebewusste Frauen, welche die hohe Qualität der handgearbeiteten Modelle zu schätzen wissen. Zu den Basisteilen zählen Schals und schmale Stolen, zwölf bis fünfzehn Teile umfasst die Jahres-Kollektion, alles aus Seide, Kaschmir und Merinowolle. Alle Stücke werden von der Designerin selbst entworfen, die Strickteile an einer japanischen Heim-Strickmaschine aus den 1990ern gearbeitet. In den „Strickmonaten" August bis März entstehen so auch Kragen, Jacken, Mäntel und Capes – einmalige Saisonware.

„Mit Garn kann man so viel vielfältiger gestalten, als mit fertig gewebtem Stoff", so die studierte Modedesignerin mit charmantem, finnischem Akzent, „die Oberflächenstruktur ist da ganz anders, nämlich dreidimensional. Und ich mag gestalten ohne Grenzen!"

Und so entsteht eine Kollektion: Zunächst arbeitet Kristiina akribisch genau Drei-Strukturen-Entwürfe (Muster, Form und Farbe) für Strickstreifen auf Millimeterpapier aus, die anschließend auf den Computer der Maschine übertragen werden. Aus italienischen Garnen, welche sie stets selbst auf der Garnmesse in Florenz einkauft, entstehen endlos lange Strickstücke in einer Breite zwischen circa fünf und zehn Zentimetern, die danach in mathematisch exakt berechneter Folge aneinander genäht werden. Die Ergebnisse: feinste Kunstwerke, aber tragbar!

Das Haus, in dem die Modekünstlerin lebt und arbeitet, ist hell und von ungewöhnlich schlichter Schönheit. Sie hat es zusammen mit ihrem deutschen Mann entworfen und bauen lassen. Ihre Wege kreuzten sich einst in Kristiinas Heimat, in Rovaniemi, Hauptstadt der nordfinnischen Landschaft Lappland, in direkter Nähe des Polarkreises. Damals war sie noch Schülerin, er als Tourist unterwegs, und von Oktober bis Ende April lag der Schnee. Während ihrer Studienzeit lebten sie zusammen in einer WG, zusammen gingen sie später nach Kanada, und noch später nach Deutschland. Und warum nun Celle? „Ruhe, Stille, eine charmante Altstadt, kurze Wege, urbanes Leben in ländlich strukturierter Umgebung, zugewandte und freundliche Menschen und ein wunderschöner Wochenmarkt", so zieht die Modedesignerin, die ihr Handwerk in den Jahren 1973 bis 1977 unter anderem am Lahti Institute of Design and Fine Art in Finnland gründlich gelernt hat, lächelnd Bilanz. „Nach Jahren in großen Städten fühle ich mich hier angekommen und bin jetzt endlich zu Hause."

Und an neuen Ideen mangelt es der 1954 geborenen Finnin auch hier in der idyllischen Provinz der Südheide nicht. „Nuppu" spukt ihr neuerdings im Kopf herum, eine Babykollektion. Nuppu ist finnisch und heißt Knospe.

Standort und Navigation: Schlepegrellstraße 23 A
Weitere Infos: www.kristiinakarinen.de

73 Gaststätten in Celle 7

Von alten Ausspannwirtschaften, feinen Gasthäusern, historischen Schänken, fremden Küchen, gemütlichen Cafés, angesagten Szenelokalen und Kultkneipen

Willkommen in Deutschlands erstem und einzigem „Rockstaurant"! Nun fragen Sie sich vielleicht: Was genau ist ein Rockstaurant? Ganz einfach – gutes Essen ohne Tütenwirtschaft, gepaart mit der Leidenschaft für Musik. Hier können Sie etwa Blues mit frischer Pfannkuchenauswahl von Banane bis Bergkäse genießen, Soul mit vielerlei Schnitzelvariationen oder Rock mit guter Hausmannskost wie etwa Sauerfleisch oder Grünkohl.

Der „Schaperkrug" fand bereits 1691, seinerzeit im alten Dorf Altencelle gelegen, urkundlich als Ausspannwirtschaft Erwähnung. Als nach Widerständen seitens der angrenzenden Bevölkerung – man fürchtete, „von fremden Kriegsvölkern" belästigt zu werden, wenn ihnen der Zugang zu ihren Dörfern damit so leicht gemacht wurde – die Chaussee zwischen Braunschweig und Celle gebaut wurde, fasste die Familie Schaper, die damals schon den Krug betrieb, 1814 den klugen Entschluss, raus aus dem Dorf am jetzigen Standort anzusiedeln. Der Name Schaper, im Umkreis häufiger vertreten, ist übrigens von „Schäfer" abgeleitet. Die Küche bietet saisonale-regionales Gerichte.

Es begann mit einem Zarah-Leander- und einem UFA-Film-Museumscafé. Was damals als Idee besonders für ältere Menschen konzipiert war, ist heute aus der Celler Kaffeehauskultur nicht mehr wegzudenken und auch wenn die meisten Exponate längst verpackt oder veräußert sind, Zarah und einige UFA-Stars der Dreißigerjahre hängen noch immer an den Wänden des Cafés, welches in Teilen des alten Kesselhauses der ehemaligen Celler Berkefeld-Filterfabrik zuhause ist. Die Kuchen und Torten, vom Besitzer selbst gebacken, sind legendär. Die schwedische Künstlerin, bekannt durch „Nur nicht aus Liebe weinen", hatte übrigens auch mal einen Gastaufrtitt in Celle.

Der Koch im Restaurant Martas hat in den besten Häusern sein Handwerk erlernt. Interessant ist der Name des Hauses, eine Hommage an die Malerin Marta Astfalck Vietz (1901–1994), welche dem Voreigentümer einen Bilderzyklus überließ. Sie vererbte ihm zudem Rosen-Bilder, alle im Gasthaus zu finden. Die Fotografin und Künstlerin, deren Arbeiten heute zur Avantgarde der Zwanzigerjahre zählen, lebte viele Jahre in Berlin, wo bei einem Luftangriff 1943 ihre Wohnung, Atelier wie Archiv mit einem großen Teil der Werke zerstört wurden. Sie wandte sich daraufhin vermehrt pädagogischen und politischen Projekten zu, wofür ihr 1982 das Bundesverdienstkreuz am Bande verliehen wurde. Der Nachlass von Marta Astfalck Vietz, welche 1970 nach Nienhagen im Cellerland zog, ist heute in der Photographischen Sammlung der Berlinischen Galerie sowie weiteren Sammlungen, wie etwa dem Deutschen Tanzarchiv in Köln, verwahrt.

Gute Döner, Börek, Kebab, Lahmacun oder Falafel gibt es in Celle längst in jedem Stadtteil – doch Hatti, Gastwirt und Lokalpolitiker mit ezidischen Wurzeln, und sein „Dönerparadies " sind eine Institution und schon längst nicht mehr aus Celle wegzudenken …

Standorte und Navigationen:
Rockrestaurant Stilbruch: Celle, Albert Köhler Straße 2 – 4
Schaperkrug: Celle, Braunschweiger Heerstraße 85
Café Berkfeld: Celle, Wittinger Str. 142
Martas: Celle, Neue Straße 16
Hatti's Medya Restaurant: Celle, Zöllnerstraße 22

74 Das Museum Wandliebe

Sammelleidenschaft der ungewöhnlichen Art

Die Tapete hat ihren Ursprung im Orient, ihre Vorgänger hießen Wandtteppiche, weswegen diese im 18. Jahrhundert noch als „türkische Tapeten“ bezeichnet wurden. Doch bereits im 11. Jahrhundert kannte man Ledertapeten, später wurde dann mit Stoff und Pergament tapeziert.

Im Frühjahr 2016 eröffnete in Celle das Museum Wandliebe und zeigt Muster aus mehreren Epochen und Landstrichen. Es dokumentiert damit die Zeitgeschichte der Wohnkultur in Europa. Das Ehepaar Stumpf hat die Sammlung über vier Jahrzehnte zusammengetragen und zeigt in Räumen entlang den Resten der städtischen Wallstützmauer von 1534 ihre Schätze. Das Entree bildet eine Tapetenkollage aus dem 19. Jahrhundert von Häusern der Celler Innenstadt. Musterkataloge aus dem Jahren 1968 bis 1995 spiegeln das typisch bunte „Wohnfeeling“ dieser Zeit. Besondere Schätze sind Kataloge der Originalbauhauskollektion von 1939, ebenso über „Bauhaus in Weimar 1919–1923“, in dem auch Interieur zu finden ist.

Einen Schwerpunkt bilden Entwürfe prominenter Künstler und Designer, von Janosch, Nicki de Saint Phalle, Verner Panton, Elsbeth Kupferoth, Otmar Alt bis Karl Lagerfeld. In einem Raum finden Sie Musterabschnitte und -rollen, sowie Kataloge aus dem 20. Jahrhundert. In einem Buch mit Tapetenneuheiten aus den Fünfzigern ist die sorgsam von Hand eingeklebte und bezifferte Kollektion auf etwa 5x7 cm großen Blättchen zu bestaunen. Ein Buch von 1930 zeigt Tapeten nach Zimmern, etwa für das Herren-, Speise- oder Siedlerzimmer. Die Kollektionen spiegeln das Zeitgeschehen: Nachkriegstapeten von 1950 sind aus sehr dünnem Papier gefertigt, die Muster sind zart in Ausdruck, Struktur und Farbe – im Unterschied zu den Zwanzigerjahren, als moderne „Wandspannstoffe“ eher kräftige, dunkle Farben und Muster trugen. Zwei Kataloge widmen sich Seidenstoffen aus dem Jahr 1860. Im letzten Raum sind die wertvollsten Stücke zu sehen: geprägte englische und holländische Ledertapeten aus dem 18. sowie handbemalte Leder- und Leinentapeten aus dem 18./19. Jahrhundert, meist in herrschaftlichen Häusern zu finden. Ein Katalog widmet sich der „Echten Lincrusta“, einer abwaschbaren, stoßfesten und dauerhaften Wandbekleidung, die aus einer Zeit stammt, als eine Tapetenrolle, fünfzig Zentimeter breit, noch Pfennigbeträge kostete. Ganz besonders fällt eine Kollektion namens Panoramiques auf, Tapetenbilder mit historischen Motiven aus dem 19. Jahrhundert. Bis heute werden diese Motive mit alten Modeln im Handdruck gefertigt und können aus bis zu fünfzehn Metern Breite und vier Metern Höhe bestehen. Ein Original von circa 1825 aus einer Madrider Werkstatt ist im Hotel Fürstenhof in Celle im sogenannten Tapetenzimmer zu finden, auch in manch' altem Gutshaus im Cellerland, wie etwa Hohnhorst, sind noch historische Tapeten vorhanden, im Amtshof in Eicklingen sind Fotoimitate der ursprünglichen Originaltapeten zu sehen.

Die Räume dienten früher übrigens der Celler Feuerwehr für Garagen, als Geräteräume und Schlauchturm. Seit 1971 betreibt das Ehepaar Marianne und Heiner Stumpf (s. Kap. 65) darin ein Geschäft für Tapeten – nun erweitert um das kleine, aber sehr feine Museum.

Standorte und Navigationen: Museum: Celle, Kleiner Plan 2
Öffnungszeiten: montags bis samstags 10:00 – 13:00 und 14:00 – 18:00 Uhr, samstags 10:00 – 15:00 Uhr
Hotel Fürstenhof: Celle, Hannoversche Straße 55
Südgut Hohnhorst: Am Alten Hof 2
Amtshof Eicklingen: Mühlenweg 60

75 Die Celler Sternsinger

UNESCO-Weltkulturerbe in der Diaspora

Sie heißen Caspar, Melchior und Balthasar und sind gemeinhin als die Heiligen Drei Könige aus dem Morgenland bekannt. Weniger bekannt ist, in der eher protestantisch geprägten Gegend in und um Celle, indes die katholische Tradition der Sternsinger – Kinder und Jugendliche, die Jahr für Jahr um den 6. Januar herum verkleidet als genau diese Könige von Haus zu Haus ziehen. Das wäre vielleicht für eher ungläubige Menschen auch gar nicht so spannend, befänden sich die Sternsinger nicht neuerdings in höchst interessanter Gesellschaft, wie etwa der von Morsetelegrafierern, Narren der schwäbisch-alemannischen Fastnacht, Handwerkern auf der Walz, Reetdachdeckern, manuellen Glasbläsern, Flößer oder Orgelbauern. Sie alle gehören nämlich zum immateriellen Kulturerbe der UNECSO und sind daher besonders schützenswürdig.

Seinen Ursprung hat der Brauch in Klöstern, als Chorschüler um die Mitte des 16. Jahrhunderts, als „Dreikönige“ verkleidet und mit Krone, Weihrauchfass und Stern ausgestattet, umherzogen, um sich mildtätige Gaben zu „ersingen“. Hinter den Sternsingern heute, auch Aktion Dreikönigssingen genannt, steckt die weltweit größte organisierte Hilfsaktion von Kindern für Kinder, welche 1959 ins Leben gerufen wurde. Seitdem sind Gruppen unterwegs und längst ist die Religionszugehörigkeit dabei nicht mehr spielentscheidend. Sie sammeln rekordverdächtige Spendensummen im zweistelligen Millionenbereich – zwischen 1959 und 2015 kamen bislang rund 948 Millionen Euro zusammen – und unterstützen damit Projekte und Hilfsprogramme für Kinder in Afrika, Lateinamerika, Asien, Ozeanien und Osteuropa. 2004 wurden die Sternsinger daher mit dem Westfälischen Friedenspreis ausgezeichnet. Längst werden sie zu Jahresbeginn vom Bundespräsidenten im Schloss Bellevue und im Kanzleramt empfangen. Auch in Celle besuchen sie seit vielen Jahren private Häuser, Ämter und Institutionen, singen ihre Lieder, bringen den Segen fürs neue Jahr – und sammeln Geld. Stets hinterlassen sie anschließend auf oder über den Eingängen der besuchten Stätten mit Kreide geschrieben die Inschriftt C-B-M sowie das jeweilige Jahresdatum. Die Bedeutung der Buchstaben bezieht sich jedoch nicht nur, wie vielfach angenommen, auf die Anfangsbuchstaben der drei Königsnamen, sondern steht auch für die Abkürzung den lateinischen Satz „Christus mansionem benedicat“ – Christus segne dieses Haus. Dieser Satz diente jahrhundertelang den Menschen als Bannmittel, heute soll er als Segensbitte verstanden werden. Doch wie in allen voran gegangenen Zeiten möge er auch noch im 21. Jahrhundert den Segen Gottes auf das Haus und seine Bewohner herabrufen und sie vor Unglück schützen – von der Slowakei bis England, von Skandinavien bis Spanien und sogar in Übersee wie beispielsweise in Südamerika. Die Aussendung beginnt stets mit einem Gottesdienst. Und dann ziehen sie los und singen ihre schönen Lieder, etwa dieses hier:

Wir kommen daher aus dem Morgenland, wir kommen geführt von Gottes Hand.
Wir wünschen euch ein fröhliches Jahr: Caspar, Melchior und Balthasar.

Infos zur Aussendung: dekanat-celle.de

76 Der Silberberg

Die Legende von der goldenen Wiege

Es war einmal ein Berg nahe Celle, der Silberberg genannt wurde und der einst von kleinen Zwergen bewohnt wurde, die sich indes zumeist nur in einer mondhellen Matthiasnacht (24.2.) zeigten. Doch dann konnten die Menschen in der Umgebung die kleinen Wichte im Feuerschein erkennen und dabei beobachten, wie sie ihre Schätze, wertvolle Gold- und Silbermünzen, polierten.
Drei Brüder hörten davon und machten sich eines Tages auf, um diesen Schatz zu finden. Als sie den Berg erklommen hatten, beobachteten sie, wie die Zwerge aus einer Felsspalte herauskamen. Dabei trugen sie eine goldene Wiege – beladen mit den besagten Münzen. Die Brüder sprangen aus ihrem Versteck. Die Zwerge erschraken sich und nahmen Reißaus. Die überglücklichen Brüder versuchten nun eilig, die Beute nach Hause zu tragen. Die Wiege war jedoch zu schwer, als dass sie diese hätten tragen können. Der jüngste der drei Brüder wurde daher zurück in den Ort geschickt, um ein Pferdegespann zu holen. Als er schließlich wieder auf dem Berg ankam, luden sie alle zusammen die Wiege auf das Gespann, welches der jüngste Bruder lenken sollte. Die anderen wollten den Schatz bewachen. Die Fahrt indes zurück wurde immer schneller und schneller, das Bremsen war bald nicht mehr möglich und schließlich kippte das Gespann in einer Kurve zu Boden. Die Brüder auf dem Wagen verloren das Bewusstsein und kamen erst wieder zu sich, als sie Pferdegetrappel vernahmen. Vor ihnen stand der Jüngste – mitsamt dem Gespann, das er zu holen den Auftrag hatte. Sie erkannten den Betrug, doch es blieb ein Geheimnis, wer den falschen Wagen gelenkt hatte, auf dem die beladene Wiege stand – und damit für immer entschwand.
Der Teufel selbst war's, so sagen die Leute, und in mondhellen Matthiasnächten soll man jahrhundertlang das leise Wehklagen der Zwerge gehört haben, die seitdem um ihren verlorenen Schatz trauerten. Doch im Jahr 2001 war es soweit: Die Zwerge bekamen endlich ihren Schatz – jedenfalls symbolisch – zurück! SchülerInnen der Grundschule Garßen gestalteten zusammen mit dem 1957 bei Bremen geborenen und heute in China lebenden Künstlers Piet Trantel zwar keine mit Gold und Silber beladene Wiege, dafür aber einen Erinnerungsstein – was die kleinen Zwerge angeblich endlich zur Ruhe gebracht haben soll. Wer sich davon überzeugen und mal selbst lauschen möchte: Besagter Silberberg, im 18. Jahrhundert noch auf Kartenwerk verzeichnet und längst aus sämtlichen Landkarten gestrichen, liegt nahe des Celler Ortsteils Garßen zwischen Osterbergs Feld und Osterberg etwas weiter östlich auf dem heutigen Bereich des Golfplatzes. Und ob an der Legende etwas Wahres dran ist? Tja, es mögen dort ja nicht unbedingt Zwerge dereinst ihre Reichtümer versteckten gehalten haben. Vielleicht hatte hier nahe an einem belebten Verkehrsweg, ein Reisender oder eine Bäuerin etwas Wertvolles versteckt, was später tatsächlich entdeckt worden war – weswegen der Berg seinen Namen erhielt? Niemand weiß es mehr. Doch wie dem auch sei – die Sage lebt, die Zwerge sind wieder glücklich und wer weiß, vielleicht liegt der Schatz ja sogar noch irgendwo auf dem Silberberg vergraben!

Standort und Navigation: Golfplatz Herzogstadt Celle e.V., Beukenbusch 1

77 Das Michaelis-Grab

Von einem genialen und melancholischen Professor

Gustav Adolph Michaelis – gynäkologischem Fachpersonal ist der Name geläufig, ebenso das, was den Mann in der einschlägigen Lehre einst unsterblich machte, nämlich die Michaelis-Raute, auch Michaelissche Raute oder Lendenraute genannt. Gemeint ist damit ein Oberflächenrelief am unteren Rücken einer Frau mit den Eckpunkten zwischen dem dritten und vierten Lendenwirbeldorn, dem letzten Steißbeinwirbel sowie den rechts und links liegenden Grübchen über den hinteren oberen Darmbeinstacheln. Entsprechen diese vier Punkte der Form nach einer gleichschenkligen Raute, ist das Becken einer Frau gesund gewachsen, abweichende Formen indes weisen auf Anomalien hin, welche mögliche Indikationen für einen Kaiserschnitt darstellen. Heute spielt die Raute dank neuerer Untersuchungsmethoden eine untergeordnete Rolle, zu Lebzeiten Michaelis und noch lange danach sah das jedoch anders aus.

Im Juli 1798 in Harburg geboren, wuchs Michaelis in einer Gelehrtenfamilie auf. Der Vater war Arzt und Geburtshelfer, der Großvater Professor an der Universität Göttingen, seine Tante Caroline Schelling eine bekannte Schriftstellerin. Der als ausgesprochen attraktiv geltende Gustav Adolph Michaelis studierte neben Mathematik und Archäologie vor allem Medizin. Er promovierte 1820 und setzte seine weiteren Studien im Ausland fort, bevor er sich 1823 als praktischer Arzt in Kiel niederließ. Er verfasste seine Habilitationsschrift und wurde bald darauf Assistent seines Onkels, seinerzeit ordentlicher Professor für Geburtshilfe an der Universität in Kiel. 1836 wurde er zum Physikus der Stadt Kiel ernannt, 1839 zum außerordentlichen Professor der Geburtshilfe und zugleich Nachfolger des Onkels.

Nach langen Studien, vor allem an rachitischen Frauen, beschrieb der Mediziner schließlich die später nach ihm benannte Raute und die dazu gewonnenen Erkenntnisse für die Geburtshilfe. Doch bei allem medizinischen Erfolg – sein großes Leid war das Müttersterben im Kindbett. Als seine Wöchnerinnen immer wieder am Puerperalfieber (Kindbettfieber) verstarben, schloss der zu starker Melancholie neigende Professor mehrmals die Pforten seiner Anstalt und befasste sich mit der neuen Lehre des ungarischen Professors Ignaz Semmelweis über Sepsis und Asepsis, später auch Retter der Mütter genannt. Michaelis erkannte, wie viele Frauen durch mangelnde Hygiene bei den Untersuchungen umgekommen waren – und damit auch durch ihn. Unter ihnen waren auch seine Schwägerin Sophie und die von ihm so sehr geliebte Cousine Theone. Das beinah epidemische Ausmaß an Sterbefällen unter seinen Patientinnen, eine schwere Erkrankung der geliebten Ehefrau Julie sowie große politische Unruhen, setzten Gustav Adolph Michaelis so sehr zu, dass er in eine schwere seelische Krise geriet, von der er sich nicht mehr erholen sollte. Ihm schwand „die goldene Hoffnung, ohne die alles Menschenleben ein Jammer ist“. Am 8. August 1848, auf dem Rückweg von einer Kur auf Norderney, sprang der sechsfache Vater bei Lehrte aus einem fahrenden Zug – und gilt damit als erster Selbsttöter auf dieser Zugstrecke. Einige Tage später wurde er in Celle, dort lebte seinerzeit Verwandtschaft, beigesetzt, wo sein Grab noch heute zu finden ist.

Standort und Navigation: Celle, Kirchstraße

78 Das Kochstudio im Theater …

… und weitere neue Formate in alten Mauern

Ob Kochstudio, Hörspiel im Museum, Theater Landpartie oder weitere Extras – das Celler Theater schlägt neuerdings zu den Inszenierungen auf der Hauptbühne und in HALLE 19 weitere, interessante Töne an und trifft mit diesen Inszenierungen auf eine große Resonanz – auch beim eher als bodenständig geltenden Celler Publikum. Während ExpertInnen in Sachen Theologie sowie Mitglieder des Ensembles produktionsrelevante Themen eines Stückes im kulturellen, theologischen und gesellschaftlichen Kontext beleuchten, steht bei Talk im Turm eher Philosophisches mit überraschenden Einblicken und Erkenntnissen auf dem Programm. Und wenn's gut ankommt, wird gut bezahlt, denn hier gilt: pay what you want – den Eintrittspreis bestimmen die BesucherInnen selbst. Auch die Kooperationen mit verschiedenen Schulen und das Format Turmtaucher, welches auf Fragestellungen eingeht, die Kinder in ihren alltäglichen Lebenswelten beschäftigen, kommt gut an. Selbst eine Theaterparty wurde mit Beginn der Spielzeit ins Leben gerufen und Interessierte können bei einem Rundgang durch die Räumlichkeiten des Celler Schlosses einen eindrucksvollen Einblick in die Theaterwelt wie des gesamten Hauses gewinnen. Ob die bislang genannten Formate oder das Theaterfest, öffentliche Proben, Blaue Stunden im Schloss oder eine Themenführung zu ausgewählten Exponaten des Residenz-Museums, die neue Vielfalt scheint grenzenlos, und wenn der Intendant dann auch noch höchstpersönlich für einen Austausch bereit steht, machen sich viele TheaterfreundInnen nur allzu gern auf den Weg. Auf besonders großes Interesse stößt dabei das „Kochstudio", wenn ausgesuchte Gäste vor Publikum debattieren und dabei zugleich TheatermacherInnen eine gesunde Mahlzeit zaubern und alle zusammen miteinander über höchst unterschiedliche Themen wie etwa Kunst, Mode, Sport, Medizin oder Kultur in Celle diskutieren. Der Appell vorweg an die ZuschauerInnen: Kommen Sie hungrig und vergessen Sie nicht, einen Teller sowie Besteck mitzubringen.

1674 weihten Georg Wilhelm, Herzog in Celle, und dessen hugenottische Gemahlin, Éléonore Desmier d'Olbreuse, das Celler Barocktheater, erbaut auf einem gekappten Wehrturm des Schlosses, ein. Es ist somit die älteste, noch immer mit ständigem Ensemble bespielte Theaterbühne in Deutschland – und wegen ihren architektonischen Besonderheiten wie etwa dem „Celler Eck", welches wegen Unegalität BühnenbildnerInnen häufiger Schweißperlen auf die Stirn treibt, bei zahlreichen Theaterleuten recht gut bekannt. Aber nicht nur deswegen, auch die glückliche Ankunft im 21. Jahrhundert kommt bei Profis gut an! Dem neuen Slogan „barock – modern – weltoffen" wird das Haus nun mühelos gerecht.

Und übrigens: Celle gilt nach wie vor als solide Sprungbrettbühne, auf der sich schon einige Theater- und Filmgrößen ihre ersten schauspielerischen Meriten verdient haben – wie etwa das aus der Kultserie „Monaco Franze" aus dem Achtzigern allseits bekannte „Spatzl" Ruth Maria Kubitschek.

Weitere Infos zu den neuen Formaten:
schlosstheater-celle.de/programm/extras

79 Der Winter

Die unbekannte barocke Figur in der Schwicheldtstraße

Wo einst nur barocke Bauten, prachtvolle Alleen und üppige Gärten das Antlitz der Stadt Celle prägten, sind heute teils auch neuere Straßen und Häuser zu finden, wie etwa in der „Westceller Vorstadt", der von Herzog Georg Wilhelm 1680 in Auftrag gegebenen Stadterweiterung. Hier hatte sich 1691 auch Dietrich Raben von Speßhardt aus reichsfreier fränkischer Reichsritterschaft, einst Oberschenk (ranghöchster Aufseher über die Kellereien im Schloss) und später auch Hofmarschall – jeweils in Diensten des Celler Herzogs – für sich und seine Familie ein großzügiges Haus bauen lassen, welches heute noch immer steht und teils von der Volkshochschule genutzt wird. Das gesamte Anwesen reichte seinerzeit bis auf Höhe der heutigen Guizettistraße und zum großzügig angelegten Garten gehörte eine lange Allee, wie es auf alten Stadtansichten noch gut zu erkennen ist. Wahrscheinlich standen in diesem Garten auch vier große Allegorien, nach den Jahreszeiten bekannt: Frühling, Sommer, Herbst und Winter. Eine dieser Gartenfiguren ist auch heute noch zu finden – nämlich der „Winter", eine männliche Darstellung mit knielanger Kapuze und Umhang, ein Wärmeöfchen oder Ähnliches in den Händen haltend und auf einem Sockel stehend. Was mit den anderen Figuren geschah, liegt weitestgehend im Dunkeln, nach Quellenlage stand jedoch zumindest Ende der Vierzigerjahre noch der „Sommer" – eine weibliche Skulptur, welche im Zweiten Weltkrieg durch Artilleriebeschuss zu Schaden kam und als Steinmaterial für einen Neubau Verwendung fand, möglicherweise für genau den, der auf einem Teil des ehemaligen von Speßhardtschen Grundstück 1948/49 errichtet wurde. Nachweisen lässt sich das indes wohl kaum mehr, ebenso wenig, aus welcher Werkstatt die Figuren stammen.

Die beinah zwei Meter hohe Winterfigur aus Elmkalkstein datiert, so haben Forschungen der Hochschule für angewandte Wissenschaft und Kunst, Fachrichtung Restaurierung in Hildeheim (HAWK) ergeben, ins späte 17. Jahrhundert. Sie ist damit kunstgeschichtlich der Zeit des Hochbarock von circa 1650 bis 1720 und damit auch von Speßhardts Zeit in Celle zuzuordnen, der jedenfalls bis 1711 als Hausbesitzer nachgewiesen ist und in dem Jahr wohl von seiner Witwe und den beiden Söhnen beerbt wurde. Das Haus wurde jedenfalls erst 1734 weiter veräußert.

Die Figur wurde 2007 im Auftrag der Eigentümer samt Sockel und Fußplatte an der HAWK restauriert. Mit verschiedenen Techniken wie Sandstrahl, Dampf oder Entsalzung wurde sie von Verschmutzungen, Krustenbildung, Schuppen, Verfärbungen und biogenem Wuchs befreit sowie die Schäden daran, wie Risse, Fugenschäden, Auswaschungen oder Ausbrüche, mithilfe von Festigung, Klebung und Ergänzungen mit Thüster Kalkstein in verschiedenen Kornfraktionen und Sanden behoben.

Der Platz, den die Allegorie nach den restauratorischen Arbeiten wieder gefunden hat, liegt nur einige Meter vom historischen Standort entfernt, wo diese im Frühjahr 1995 von den Besitzern eher zufällig und umwuchert von einer riesigen Eibe gefunden worden war. Von der Straße aus ist der „Winter" tatsächlich auch nur im Winter, vielleicht noch im Spätherbst und frühen Frühjahr zu sehen, ansonsten verhindert Blattwerk die Sicht darauf.

Standort und Navigation: Celle, Schwicheldtstraße 3

80 Giebelpfähle

Bannzier gegen böse Mächte

Auf vielen Häusern in der komplett unter Baudenkmalschutz stehenden Celler Altstadt sind sogenannte Giebelpfähle zu entdecken, die mit ihren Spitzen in den Himmel ragen. Sie sind in alten Städten in halb Europa bekannt, man findet sie auch an Häusern in der Schweiz, in England, Polen, den Niederlanden, teils in Skandinavien und in Österreich. Bereits den „Teppich von Bayeux" aus dem 11. Jahrhundert zieren Firstpfähle, auf alten Zeichnungen aus dem 16. Jahrhundert sind manche Städte mit ganzen Häuserreihen, solcherart geschmückt, zu sehen. Doch was hat es mit den markanten Dachspießen eigentlich auf sich?
Der Giebelpfahl wird auch Bram, Brandstang, Brant, Donnerbesen, Firstpfahl, Firstspitze, Geck, Giebelspieß, Husbrand, Maljan, Neidstange oder Wendenknüppel genannt. Er ist oftmals als Übergangsholz zwischen First und „Stirn des Hauses" gearbeitet, dem sogenannten Ortgang, der den seitlichen Abschluss der Dachfläche zum Giebel hin bildet und das Ende der Dachtraufe mit dem des Dachfirstes verbindet; häufiger sieht man ihn auch als reich verziertes Brett, welches den First noch deutlich überragt. Manchmal wird er auch als kurzer, auf der Firstspitze sitzender Stab oder Pfahl dagestellt, oftmals mit einer dicken Kugel versehen, die angeblich früher die wichtigsten Wertschätze der HausbewohnerInnen wie Geld oder Dokumente bargen. Die Giebelspitze trägt mancherorts auch Zierrat wie Ranken und Blumen, Sterne, Herzen oder Tiere. Darunter ist manchmal das „Eulenloch" zu finden, durch das die Tiere zur ausgiebigen Mäusejagd auf den Dachboden fliegen konnten. In Cellerland sind die Giebelabschlüsse vielfach als gekreuzte Pferdeköpfe dargestellt und eigentlich fast allerorts bekannt – sie sind damit sozusagen das regionale Logo der Gegend und Sinnbild für Niedersachsen. Wie sie schauen, zueinander oder abgwandt, darüber gibt es viele verschiedene Deutungen von Hinweisen auf Herkunft oder Qualität der Ehe der unter besagtem Dache lebenden Menschen bis hin zur Hofbewirtschaftung oder Größe. In der Celler Innenstadt indes sind die Giebel meist als kugelige Spitzen oder verzierte Wetterfahnen zu finden.
Die Giebelspitze – in welcher Form auch immer – ist aber mitnichten nur eine konstruktive Gegebenheit für ein Dach. Sie gilt als uraltes Beschwörungs- und Abwehrzeichen aus der Zeit der Germanen, als die Menschen ihre Wohnstatt und sich selbst vor dem Zorn und Unbill der Götter zu schützen versuchten, also vor Not und Unglück wie Zerstörung durch Naturgewalten – etwa Sturm, Blitzschlag, Hagel, Feuer oder Hochwasser. Auch sollen die Spitzen das Haus vor Unfällen, Hungersnöten und Krankheiten bewahren – sie sind heute daher als Zierrat an Bauten teils wieder sehr beliebt. In manchen Gegenden werden sie übrigens auch als Lanze des Hauptgottes bezeichnet. Gemeint ist damit Wotan (Odin) aus der nordischen Mythologie. Die berühmten Pferdeköpfe, vielfach hierzulande an Hausgiebeln zu finden, stehen ebenfalls für ihn, denn er wurde als Pferdegott verehrt, der auf seinem achtfüßigen Ross Sleinir durch die Wolken ritt. Lanze oder Pferd als teils ornamentreiche Bannzier – beides sollte, ebenso wie die Wetterfahne, mit ihren Schutz- und Abwehrkräften Odin gnädig stimmen, aber auch die Mächte der Finsternis abwehren.

Standort und Navigation: Celle, Innenstadt

81 Die Emporenbilder in der Stadtkirche

Die Bibel zum Anschauen

Die Reformation im 16. Jahrhundert spaltete das westliche Christentum in verschiedene Glaubensbekenntnisse. Hierzulande wurde protestantisch, wer nicht mehr katholisch sein wollte oder durfte, in England formierte sich die anglikanische, in der Schweiz und in Frankreich die reformierte und in Schottland die presbyterianische Kirche. Auch in Celle war es 1528 soweit und die neuen Lehren hielten in den Kirchen Einzug. Und nicht nur die Lehren, auch die Ausstattung der Gotteshäuser veränderte sich und wurde einfacher und schlichter. Das Ewige Licht wich dieser gewollten Reduktion auf die Quintessenz des Neuen Testaments in Form eines Kreuzes, ebenso verschwanden Beichtstühle, Weihwasserbecken, Heiligenaltäre oder weiteres „überflüssiges Beiwerk". Die Reformation war daher sozusagen auch eine Art Hausputz, der die Kirchen von den oft von den Menschen dazugedichteten Attributen der Jahrhunderte, wie etwa Legendendarstellungen, befreite und die Ausstattung aufs Wesentliche reduzierte – es galt allein das Wort.
Um so mehr erstaunt die Stadtkirche Sankt Marien in Celle, welche auf dem ersten Blick ganz und gar unevangelisch wirkt. Zunächst als gotische Backsteinkirche erbaut, wurde diese Ende des 17. Jahrhunderts im Auftrag des Celler Herzogs von italienischen Künstlern üppigst mit barocker Pracht ausgestattet. Doch auch die Bürgerschaft hatte ihren Anteil daran – mit 71 Emporenbildern mit Darstellungen aus dem Alten und Neuen Testament, welche fast alle in den Jahren 1695 bis 1698 in Celler Werkstätten erstellt wurden. Das Besondere daran mag weniger die künstlerische Komponente, als vielmehr der große Umfang und die Geschlossenheit sein – einzigartig und unvergleichbar in Norddeutschland. Ein weiteres Merkmal sind zudem die Vorlagen. Neben Motiven aus der Merian-Bibel von 1630 sind 36 Bilder davon der Sternschen Bibel entlehnt, 1672 in einer Auflage von 500 Exemplaren in der Buchdruckerei von Stern in Lüneburg gedruckt – übrigens der ältesten Druckerei der Welt und noch heute als Familienunternehmen geführt. Seinerzeit war dieses Werk die am reichsten bebilderte Bibelausgabe in ganz Deutschland. Die Skizzen darin stammen von Matthias Scheits, einem Maler, der seine Ausbildung in Hamburg und den Niederlanden erhielt und als bedeutender deutscher Künstler seiner Zeit gilt, er starb um 1700. Von den 500 Sternschen Bibelausgaben sind nur sechs erhalten geblieben. Eine davon ist seit einiger Zeit im Besitz der Celler Stadtkirchengemeinde. Entstanden in einer Zeit, in der die meisten Menschen nicht lesen konnten, dienten diese Emporenbilder den GottesdienstbesucherInnen in Celle zur Unterstützung des Glaubens – als visuelle Verdeutlichung der biblischen Lehre – und machten den Kern des Evangeliums damit auch für die einfachen Leute sichtbar. Sie zeigen auf der ersten Südempore Szenen des Alten, auf der ersten Nordempore des Neuen Testaments. Die zweiten Emporen widmen sich auch den Aposteln und Propheten. Die kunstvollen Schnitzereien zwischen den Bildern schuf der Holzbildhauer Peter Christian Limmer (1682–1686), aus dessen Werkstätten auch der Prospekt der Orgel sowie die barocke Kanzel stammen.

Standort und Navigation: Celle, Stechbahn
Öffnungszeiten: Dienstag bis Samstag 10:00 – 18:00 Uhr
(Januar – März 11:00 – 17:00 Uhr)

82 Radio Celle 1

Der Sender auf UKW 88,5

Bereits in den Fünzigerjahren hatte Celle einen eigenen Radiosender – wenn auch verbotenerweise. Doch an den Piratensender „Radio Zitrone“ und Hermann Hoffmann, der gern als Urvater der deutschen Radio-Comedy bezeichnet wird und an dessen legendäre Rundfunkkarriere, die 1955 in einer Dachkammer über der damals im Celler Stadtteil Neustadt ansässigen Königin-Bar begann, erinnern sich vor allem Ältere gern. Leider endete das freche Programm nach wenigen Monaten wieder, die Polizei beschlagnahmte die Sendeanlagen, Hoffmann zahlte eine Geldstrafe – und wurde mit „Eine kleine Dachkammer-Musik“ sowie weiteren Sendungen andernorts bald recht bekannt. Die digitalisierten CDs „Aus dem Zitrone-Archiv“ sind bei Sammlern heute hoch begehrt.

Aber einen Radiosender gibt es in Celle trotzdem wieder. Die Idee hatten die Macher bereits 1987. Doch es sollten noch drei Jahre vergehen, bis Radio Celle 1 als „Kind“ von Eberhard Johow, einst Intendant am Celler Theater und ehemaliger Leiter eines Betriebsfunks, dem Celler Manager Paul Ruhlig sowie einigen engagierten AbiturientnInnen des Kaiserin-Auguste-Viktoria-Gymnasiums, ohne die RC1 heute nicht existieren würde, erstmals als Krankenhausradio auf Sendung ging. Zunächst mussten Studioräume gefunden, die technische Einrichtung finanziert und Lizenzen beschafft werden. Zudem kostete es einige Überredungskünste, die Hausleitung zu überzeugen. Ist alles schon längst Geschichte! Heute ist RC1 einer der größten Krankenhaussender in Deutschland, gehört fest zur Stadt – und hat große Pläne. Es soll nämlich ein Bürgerradio daraus werden, mit Inhalten, die sich bereits jetzt schon bei RC1 in Formaten wie „Celler Leben“ oder „Bei uns im Celler Land“ finden lassen. Regionales also, Berichte zu Kulturangeboten und Reportagen zu Sportveranstaltungen in der Gegend, natürlich wird auch mit einem Kinderradio an die Kleinen gedacht. Doch bis es mit dem Bürgerradio soweit ist – aktuell, so ist aus dem Studio zu hören, liegt der Antrag auf die Sendelizenz noch bei der Niedersächsischen Landesmedienanstalt – ist RC1 nur auf UKW 88,5 im und um das Krankenhaus und im hauseigenen „Bettenkanal“ zu hören – meistens jedenfalls und wenn nicht gerade Bauarbeiten die Frequenz stören.

Das täglich wechselnde Programm umfasst neunzig Minuten und läuft als Wiederholung 24 Stunden lang. Neben regionalen Themen gehören auch Studiogespräche mit MedizinerInnen und TherapeutInnen und interessante Personenportraits zum Repertoire. Auch VertreterInnen von Selbsthilfegruppen sind regelmäßig Gast im Studio. Auch einige Namenhafte – und beileibe nicht nur in der Region bekannt – waren im Laufe der Jahre bereits bei RC1 am Mikrofon, wie etwa PolitikerInnen oder SchauspielerInnen. Gerhard Schröder und seine Frau Doris waren zu hören, ebenso Sigmar Gabriel, Rita Süßmuth oder Rolf Zuckowski.

Die aktiven und fördernden Mitglieder von Radio Celle 1 im Alter derzeit von 18 bis 80 Jahren freuen sich schon auf die neue Herausforderung, wenn es dann nicht mehr nur „Radio Celle 1 – Der Krankenhaussender“ heißt, sondern „Radio Celle – Das Bürgerradio“.

Standort und Navigation:
Studio: Celle, Siemensplatz 4
Infos: www.radio-celle-1.de

83 Bomann-Museum VI

Die Entdeckung der Heide

Gemalt, besungen und bereist, aber auch mit vielen Worten gepriesen, verklärt und in Verse gesponnen, das ist die Heide, jene Landschaft, die rings um Celle herum verbreitet ist und mit welcher sich der sechste Rundgang im Museum beschäftigt.
„Die Eile war das Beste von der Reise, denn hilf Himmel, welch ein Land!", so beschrieb einst Caroline Schlegel, Muse von Goethe und weiteren Dichtern und Denkern der Romantik, eine Fahrt durch die Heide – bis zum Mittelalter waren die Böden noch mit Wäldern bewachsen, erst durch Abholzen entstanden die Flächen – und der Anmerkung ist mehr Entsetzen, denn Entzücken zu entnehmen. Weiter schrieb sie nämlich: „Ich werde seekrank von dem einförmigen Anblick der Heide..." und moniert in dem Brief, den sie 1801 verfasste, die dürre braune Heide, den Sand, die mit Moos und Flechten bewachsenen Bäume und die kleinen Dörfer, die sie statt Meilenanzeiger zu Gesicht bekam. Nun dürfte eine Reise in der Kutsche oder auch hoch zu Pferd in der damaligen Zeit über rumpelige Heidewege tatsächlich kein sonderliches Vergnügen gewesen sein, und die Kargheit, Abgeschiedenheit und Ruhe war für die meisten Reisenden seinerzeit offensichtlich mehr beschwerlich als reizvoll. Anders sieht es heute aus. Die Menschen genießen die berühmten Heideflächen, die noch Mitte 19. Jahrhunderts als öde, langweilig und obendrein unfruchtbar galten, da half auch der schöne Bewuchs mit Besenheide, auch Heidekraut genannt, und, an feuchteren Standorten, Glockenheide, nichts. Die Wege führten obendrein durch dunkle Wälder. Niemand sah damals die Schönheit der malerischen Wacholderhaine, alten Höfe und pittoresken Dörfer, der teils unheimlichen Moorlandschaften und mäandernden Flüssläufe oder die Vielfalt von Fauna und Flora. Längst jedoch ist die Zeit der Heideblüte Tourimusgarant und der Heidschnuckenweg von Hamburg-Fischbek nach Celle wurde 2014 als schönster Wanderweg Deutschlands ausgezeichnet. Doch auch an lauen Frühlingstagen, wenn die Natur erwacht, herrscht in der Heide eine ganz besondere Stimmung, ebenso an Herbst- und Wintertagen, wenn der Nebel alles in ein mystisches Licht hüllt oder Raureif und Schnee das Land bedecken und Sonnenlicht die Eiskristalle glitzern lässt. Das haben schließlich auch Künstler erkannt, bekannte und weniger bekannte – allen voran Maler und Dichter. Zwei von ihnen, die unterschiedlicher nicht sein konnten, jeweils als „Heidedichter" betitelt wurden und sich der Gegend eng verbunden fühlten, waren Hermann Löns (1866–1914) und Arno Schmidt (1914–1979). Der eine, großer Romantiker, Naturschützer und posthum von den Nationalsozialisten verehrt, begeistert mit feinen Naturbeschreibungen und bemerkte bereits damals: „Die Naturverhunzung arbeitet en gros, der Naturschutz en detail." Der andere, Phantast, kritischer Geist und „Ulysses der Heide", brilliert mit seinen Veröffentlichungen und schenkt somit der Wahlheimat in Bargfeld bei Celle einen gebührenden Platz in der Weltliteratur. Der eine schreibt so: „Laß Deine Augen offen sein, geschlossen deinen Mund, und wandle still, so werden dir geheime Dinge kund". Der andere, nach dem übrigens 1981 ein Hauptgürtel-Asteroid benannt wurde, so: „Nur die Phantasielosn flüchtn in die Realität". Beiden ist Raum im Museum gewidmet.

Standort und Navigation:
Heidebilder im Bomann-Museum: Celle, Schlossplatz 7

84 Der Rote Doktor von Celle …

… und was dieser mit einer bekannten TV-Moderatorin zu tun hat

Carl Credé Hoerder. Ein Name, der in Celle vergessen ist. Doch der Mediziner und Autor Carl Alexander Credé Hoerder war in den Dreißigerjahren weit über die Stadtgrenzen Celles, ja sogar Deutschlands, hinaus bekannt. Als Verfasser von Schriften und Theaterstücken erlangte er europaweit Berühmtheit – bis ihm die Nationalsozialisten Schreib- und Aufführungsverbot erteilten, seine Bücher verbrannten und die vertragsärztliche Zulassung entzogen. Geboren am 08.01.1878 in Leipzig, entstammt Hoerder mütterlicherseits einer ursprünglich hugenottischen Medizinerdynastie, deren Namen Geschichte schrieb. Sowohl die Credé-Prophylaxe bei Neugeborenen (Silbernitratlösung gegen Augen-Gonokokken-Infektionen) als auch der Credésche Handgriff (Technik zur Plazentaentfernung), sind nach seinem Großvater Carl Siegmund Franz Credé benannt, ebenso wie der Vater Leopold Hoerder erfolgreicher Mediziner in Leipzig. Carl Credé wählte ebenfalls den Arztberuf, den ersten Berufsjahren folgt der Einsatz als Stabsarzt im Ersten Weltkrieg. Unter den Eindrücken jener Kriegsjahre entwickelte sich der sehr bürgerlich-konservativ gesinnte ehemalige Corpsstudent, mittlerweile Ehemann und Vater zweier Töchter, zum leidenschaftlichen Sozialisten und Pazifisten. 1917 wird Carl Hoerder nach Celle versetzt – und bleibt. Er arbeitet hier als Arzt und nimmt zusätzlich den Geburtsnamen seiner Mutter an. Doch er kümmert sich vor allem um jene, die das Leben nicht so reich beschenkt hat, die in Armut und Elend leben müssen, und nimmt verbotenerweise auch Schwangerschaftsabbrüche vor, weswegen er 1926 zu zwei Jahren Gefängnis verurteilt wird. Bereits zuvor hatte sein politisches Engagement begonnen, 1919 trat er der Deutschen Demokratischen, wenige Jahre später der Sozialdemokratischen Partei bei, zudem wurde er Mitglied im Reichsbanner Schwarz-Rot-Gold (Bund aktiver Demokraten). Während der Haftzeit entstehen die ersten Texte: „Das A-B-C des Angeklagten" und „Volk in Not! Das Unheil des Abtreibungsparagraphen 218". Letzterer erscheint 1927 – versehen mit Illustrationen der Königsberger Malerin Käthe Kollwitz. Große Bekanntheit erreicht Carl Credé Hoerder mit seinem Theaterstück „Gequälte Menschen – § 218" in einer Inszenierung des avantgardistischen Regisseurs Erwin Piscator. 1930/31 gilt Credé als meist gespielter Bühnenautor Deutschlands. Der Erfolg gönnt dem „roten Doktor", wie er hier etwas spöttisch genannt wird, einige gute Jahre, bis die Repressalien wie Verhaftung und Verhöre der neuen Machthaber ihm und seiner Familie – seine Frau Gertrud ist Jüdin – das Leben zunehmend erschweren. Er zieht mit seiner Familie nach Rügen auf den Sommersitz der Familie, arbeitet dort und versteckt seine Frau vor den Nazis. 1945, nach Kriegsende, nimmt er seine Tätigkeit in Celle wieder auf und bemüht sich um Strafverfolgung der Täter gegen jüdische Einwohner. Im Dezember 1952 stirbt Carl Alexander Credé Hoerder. Er wurde auf dem Neuenhäuser Friedhof bestattet, das Urnengrab ist seit 1986 aufgelöst. Der fast vergessene Celler Arzt und Autor lebt indes weiter: Sein Enkel, Sohn seiner Tochter Eva, ist der österreichische Politiker Andreas Khol, sein Urenkel wiederum der bekannte Künstler Julian Khol, der mit der TV-Moderatorin Nazan Eckes verheiratet ist und mit der er eine Familie gegründet hat.

Standort und Navigation: Ehemaliges Praxishaus (ein weiteres wurde abgerissen) mit rundem Anbau des Neues-Bauen-Architekten Haesler: Celle, Ohagenstraße 8

85 Der alte Pestbrunnen

Vom „Schwarzen Tod“ in Celle

1478: Die große Pestepidemie, bei der halb Hannover hingerafft wurde (ca. 3000 Einwohner), liegt erst 52 Jahre zurück, als es erneut in der Gegend zum Ausbruch der Krankheit kommt. Diesmal wird auch Celle schwer getroffen und es soll in den folgenden Jahrhunderten noch häufig von der Seuche heimgesucht werden. Nachgewiesen sind seitdem immer wieder Pestfälle im Ort – 1495 etwa oder 1529, als der Celler Herzog Ernst der Bekenner – wie auch später seine Nachfolger immer wieder – aus Furcht vor der Krankheit den Herrschaftssitz verlegt und eine Zeit lang lieber von Gifhorn oder Lüneburg aus die Regierungsgeschäfte führt. Das 16. Jahrhundert bringt in jedem Jahrzehnt die Krankheit in die Stadt. Im Jahr 1600 dezimiert sich auch die Celler Bevölkerung um mehr als die Hälfte – und es trifft alle, egal, ob reich oder arm, jung oder alt – die Seuche macht keinen Unterschied. Über 1100 Opfer sind zu beklagen, an manchen Tagen werden von morgens bis abends die Leichen begraben, ganze Familien sterben aus, Stadtteile und Landstriche vereinsamen, die Felder werden nicht mehr bestellt. In den folgenden Jahrzehnten sieht's kaum besser aus. 1629 werden vor den Toren der Stadt Pesthütten erbaut, die Häuser Erkrankter verschlossen und sämtliche Bewohner müssen die Stadt verlassen und außerhalb der Stadtmauern in die neuen „Isolierhäuser“ ziehen. Die Hüttenstraße erinnert noch heute an die Bauten, welche später auch als Wohnstätte für Stadtpfänder und Armenärzte diente.

Auch Mitte des 17. Jahrhunderts tobt wieder eine „ansteckende hitzige Seuche“ in Celle. 1664 trifft es vor allem die Bewohner der Neustadt-Vorstadt. Eilig wird dort ein neuer Friedhof angelegt, damit niemand auf die Idee kommt, die Toten zum Friedhof in der Hehlentor-Vorstadt zu bringen – führte der Weg dahin doch mitten durch die Altstadt. Den Vorstadtbewohnern wird zudem ein Pestprediger zugewiesen, damit sie zum Gottesdienst nicht in die Stadtkirche drängen. Bereits seit 1577 praktizierten Pestbarbiere in Celle, deren Aufgabe es war, die dicken Beulen aufzuschneiden und zu versorgen. Letztmals ist in den Annalen der Stadt im Januar 1716 die Rede von der Pest, als das letzte Opfer hier an der Krankheit verstirbt. Dann ist das große Sterben vorbei, die Epidemien in Europa bleiben endlich aus. Doch ausgestorben ist die Pest mitnichten: Weltweit erkranken jährlich noch immer 3000 Menschen daran. Erst 1894 entdeckte übrigens der Schweizer Arzt Alexandre Yersin den Erreger wie den Übertragungsweg: Das Bakterium, 1967 nach ihm Yersinia pestis benannt, wird durch Insekten, vor allem Flöhe, und deren Wirte, wie Ratten oder Eichhörnchen, und durch Tröpfcheninfektion übertragen.

Die Pesthütten samt Anbauten wurden 1959 abgebrochen, doch als die Neustadt im Jahr 2003 saniert wurde, entdeckten Bauarbeiter in einem halben Meter Tiefe eine teilweise zerstörte Sandsteinplatte. Bei näherer Untersuchung gab der Boden unter ihren Füßen plötzlich nach. Ihr Blick fiel in einen etwa vier Meter tiefen Hohlraum – sie hatten zufällig einen alten Brunnen, der wohl einst auf oder am „Pestfriedhof“ in der Neustadt gestanden hatte, entdeckt. Heute erinnert er – neu aufgemauert – an jene Zeiten, als hier der „schwarze Tod“ seine unzähligen Opfer forderte.

Standort und Navigation: Celle, Höhe Kirchhofstraße

86 Gaststätten in Celle 8

Von alten Ausspannwirtschaften, feinen Gasthäusern, historischen Schänken, fremden Küchen, gemütlichen Cafés, angesagten Szenelokalen und Kultkneipen

Im „Celler Tor" steckt über 500 Jahre Gastronomiegeschichte, es zählt zu den ältesten Familienbetrieben in ganz Niedersachsen. Bereits 1438 urkundlich als „Krug" erwähnt, der einst neben der alten Dorfkirche lag, musste er von dort im 17. Jahrhundert weichen – weil angeblich mehr Leute beim Wirt als in der Kirche saßen. Lüdeke Ralefs, Vorfahre der heutigen Betreiberfamilien Heine und Ostler, erhielt am 20. September 1655 eine im Prinzip noch heute gültige Konzessionsurkunde, die im Namen des Herzogs Christian Ludwig zu Braunschweig und Lüneburg ausgestellt wurde. Das Haus wird, nachdem es längere Zeit verpachtet war, wieder in eigener Familienregie geführt und hat sich zum Vier-Sterne-Hotel mit bester Küche gemausert. Spezialität: der hauseigene Schnaps, der stadtbekannte Hehlentiner Bürgermeister-Tropfen mit feinen Honig- und Melissearomen.

Was einst die könglich-fürstliche Hofapotheke war, ist heute Baxmann im Museumscafé – Teile einer alten Apothekeneinrichtung sind darin noch zu sehen. Nachdem die letzte, die Löwen-Apotheke, ihre Pforten schloss, war darin einige Zeit das Museumscafé ansässig, welches eine Straße weiter zog und sich seitdem Kanzleicafé nennt (s. Kap. 17). Die Baxmannschen Tortenkreationen sind in Celle ebenso Kult wie die Pralinen, die der Konditor zu Ehren der einstigen Celler Herzogin anbietet. Die Honig-Lavendel-KreationÉlénore soll an ihre einstige Heimat im französischen Poitou erinnern, die Praline „Krönchen" mit ihrer Honig-Wacholder-Füllung an die neue Heimat der Adligen an der Seite des Celler Herzogs in der Heidestadt Celle. Das supermoderne Interieur in den historischen Räumen spaltet auch nach Jahren noch immer die Bürgerschaft der Stadt. Manche finden's prima, andere unmöglich …

Das Restaurant und Hotel Leisewitz Garten steht nur nach Voranmeldung zur Verfügung – doch in dem denkmalgeschützten Elternhaus des Celler Juristen, Hauslehrers und Dichters Anton Leisewitz (1752–1806; bekannt durch „Julius von Tarent", eines der bedeutendsten Theaterstücke des Sturm und Drang), der in diesem Haus einige Jahre seiner Kindheit verbracht hat, lässt es sich gut feiern. Die Räume mit historischen Möbeln und Gemälden laden auf einen Blick in das Leben „anno dazumal" ein, der Kaffeegarten grenzt direkt an die Grünanlagen der Aller.

Eine der besten Adressen in Sachen Kulinarik in Celle finden Sie in einem 1589 als Hof erbauten, reetgedeckten Fachwerkhaus, im Restaurant des Landhotels Köllner, idyllisch an der Aller gelegen und durch eine Promihochzeit auch in der Yellow Press bekannt geworden. Chef des Hauses wurde 1989 Deutschlands Meister-Sommelier, was der gut gefüllte Weinkeller mit 230 Sorten bestens belegt.

Einst Ausspanne einer Brauerei, wird das Schapers Hotel und Restaurant seit 1905 in vierter Familiengeneration geführt. Beim Bombenangriff 1945 wurde ein Teil der Bauten zerstört. Doch das ist Geschichte – mit seiner saisonalen und klassisch-regionalen Küche ist es mittlerweile in Celle zu einem echten Gourmet-Geheimtipp geworden.

Standorte und Navigationen:
Celler Tor: Celle-Groß Hehlen, Scheuener Straße 2
Baxmann: Celle, An der Stadtkirche 1
Leisewitz Garten: Celle, Wittinger Straße 56
Köllner: Celle, Im Dorfe 1
Schaper: Celle, Heese 6 – 7

87 Die Bombentrichter in Altencelle

Als der Zweite Weltkrieg nach Celle kam

Auf den ersten Blick mag Celle selbst in den letzten Kriegstagen während des Zweiten Weltkrieges idyllisch gewirkt haben, doch der schöne Schein trügt – auch wenn die Altstadt tatsächlich vor Bombardements verschont geblieben ist und die Bevölkerung wie die regionale Berichterstattung möglichst viel „normalen Alltag" aufrecht erhalten wollte. Doch mittendrin wie ringsherum tobte der Krieg, Gewalt und Unrecht unerbittlich. Straßen und Häuser waren wie wohl allerorts in Deutschland mit Hakenkreuzfahnen geschmückt, Gerichte, Behörden, Firmen, ja, das gesamte Leben, unter NS-Herrschaft gestellt und in der gesamten Stadt unzählige ausländische Zwansgsarbeiter beschäftigt und Kriegsgefangene interniert. Die Straßen trugen Namen von den bekannten politischen Größen, SA und SS beherrschten mit ihren Versammlungen und Aufmärschen das alltägliche Bild, die Gestapo war in jedem Winkel der Stadt gefürchtet. Politische Gegener waren ebenso wie jüdische Mitbürger samt ihren Geschäften längst aus dem Stadtbild verschwunden. Bei einer Bombardierung des Celler Güterbahnhofs im Februar 1945 wurde ein Zug mit ungarischen Panzertruppen getroffen, über hundert Soldaten starben. Wenig später, Anfang April, fielen erneut Bomben, wobei das Gaswerk und Eisenbahngleise am Güterbahnhof im Visier der Flieger lagen. Dabei wurde ein Waggon mit KZ-Häftlingen getroffen. Celler Bürger organisierten eilig eine Hetzjagd durch die Straßen und Wälder, wobei viele Häftlinge, die den Angriff überlebten, dann dadurch zu Tode kamen.

Das Cellerland war mit militärischen und anderen Anlagen aller Art gepflastert – vom Truppenübungsplatz bis zu Kasernen, Heeresflugplatz, Munitionsdepots, Marinesperrzeugamt oder Konzentrationslager war hier restlos alles zu finden, was die Hitler-Maschinerie je hervorgebracht hatte. Kein Wunder, dass Tag und Nacht britische und amerikanische Jagdflieger über die Stadt hinweg flogen und vor allem diese Ziele in Stadt und Land suchten. Ein Wunder, dass die Fachwerkhäuser in der Innenstadt trotzdem verschont blieben. Einige Bomben fielen im südlichen Landkreis wie etwa bei den Ölwerken in Nienhagen – die brennenden Rauchwolken sollen acht Kilometer weit zu sehen gewesen sein. Noch heute sind die Krater dort zu finden. Im Wald bei Nienhagen, doch ebenso in den Wäldern um die Celler Ortsteile Altencelle und Osterloh herum, sind heute noch mehrere Bombentrichter zu sehen. Viele wurden im Laufe der Jahre eingeebnet. Bombensplitter indes wurden noch jahrzehntelang gefunden.

Bislang haben sich die Heimatpfleger vergeblich darum bemüht, die verbliebenden Bombenkrater, die derzeit teilweise als Müllhalde dienen, als historischen Gedenkort zu etablieren. Doch auch wenn man schon etwas genauer hinschauen muss, sind sie mit die letzten, stummen Zeugen jener leid- und unheilvollen Zeit, in der Moral und ein Menschenleben so wenig galten wie humanistische Werte, eine christliche Gesinnung oder schlicht und einfach der „aufrechte Gang".

So gesehen sollte ihnen – vielleicht hin und wieder bei einem Spaziergang – doch etwas mehr Beachtung und Aufmerksamkeit als bislang der Fall zuteil werden.

Standort und Navigation:
Celle, Bruchkampweg; im Eichenwäldchen hinter der Firma Pludra

88 Die Holzfigur ohne Namen

Abstrakte Kunst in der Sparkasse

Die Namen des Künstlerduos Lotte Lindner und Till Steinbrenner (Jge. 1971 and 1967) sorgen in der internationalen Kunstszene schon seit längerem für ehrfürchtige „Ahs“ und „Ohs“. Hier in Celle indes wissen nur Kenner, dass die ungewöhnliche Pappelholz-Installation, seit 2005 in den Räumen der Sparkasse zu sehen, aus ihrer Werkstatt stammt.

Die Skulptur, so ist es einem Din-A-4-Zettel, der am Tresen zu bekommen ist, zu entnehmen, formt den architektonischen Raum zu einem Bogen und bildet eine Insel, um welche die Menschen hergehen müssen, um diese in ihrer Abstraktheit von allen Seiten betrachten zu können. Sie soll wie ein neuer Bewohner wirken, an den man sich nur langsam annähert, an den man sich erst noch gewöhnen und mit dessen Gewohnheiten und Launen man sich nach und nach vertraut machen muss.

Mit dem verwendeten Material, so ist zu lesen, sind die Künstler über die Dauer des Entstehungsprozesses hinaus mit ihrem Werk verbunden: Sie sind in einen Wald gegangen und haben dort einen Baum ausgesucht, der vor ihren Augen speziell für diese Kunstinstallation gefällt wurde, haben jede Veränderung des Stammes anschließend aktiv geplant, entschieden und natürlich auch bewirkt. Das sich wandelnde Material Holz, welches sich dem Raumklima anpasst und dessen Volumen sich ausdehnen oder verringern oder dessen Oberfläche Risse bilden kann, ist demnach bewusst gewählt und zeigt die Spuren des Werkzeugs, mit dem daran gearbeitet wurde – die rauhe Oberfläche ist absichtlich nicht glatt geschliffen. Damit möchten die Künstler daran erinnern, dass die Form der Skulptur, so wie sie zu sehen ist, nicht gewachsen, sondern von Menschenhand erfunden und geschaffen wurde. Die Intention des Paares dabei ist es, nicht ihre Kunstwerke zu erklären, sondern mit seinen Abstraktionen den eigenen Aspekten, Assoziationen und Vorstellungen Raum zu geben, doch zugleich anderen Menschen ebenfalls die Möglichkeit zu lassen, bei Betrachtung eigene Vorstellungen und Ideen zu entwickeln.

Das Wort Abstraktion leitet sich von dem lateinischen Verb abstrahere ab und heißt übersetzt abziehen, entfernen, trennen. Der Begriff bezeichnet das bewusste und absichtliche Weglassen von Einzelheiten zugunsten von Allgemeinerem oder Einfacherem. Als abstrakt wird also auch die Kunst bezeichnet, welche alles „Unwesentliche“ entfernt und sich auf eine stilistisch, sehr reduzierte Darstellung konzentriert. Was dabei als wesentlich gilt, gibt die Kreativität der Künstler vor, aber auch die Wahrnehmung der Betrachter. Abstraktion ist nicht seelenlos, das möchten die beiden Künstler, die in Hannover leben und arbeiten, mit ihren Werken ausdrücken. Dass diese gut ankommen, zeigt die Reihe von Ausstellungen – seit 2002 in Folge – wie von Preisen, welche das Duo bislang für sich verbuchen konnte: Kunstpreis der Sparkasse Hannover, Zeitsicht-Kunstpreis Augsburg, Kunstpreis der IG Metall. Erst 2015 waren Lotte Lindner und Till Steinbrenner, seit 2014 auch Dozenten an der Leibniz Universität Hannover, wieder mal hier zu Gast: bei der Ausstellung Streiflichter – 50 Jahre Kunstverein Celle. Sie standen für eine Performance und Künstlergespräche zur Verfügung.

Standort und Navigation:
Sparkasse Celle, Schlossplatz 10

89 Djembé Experience Trommelakademie

Afrikanische Rhythmen in der Residenzstadt

Eine kleine Trommel läßt tausend Füße tanzen, so lautet ein Sprichwort in Afrika, und dass genau solche Trommeln namens Djembé in Celle zu hören sind, das vermutet man hier nun wirklich nicht. Doch Martin Gensmer, dem beim ersten Hören live auf einem Festival die Musik der Malinke, einer kleinen Region in Oberguinea und heute rund um den Globus bekannt, sozusagen „ins Ohr gefallen“ ist, trommelte schon lange und mehrmals wöchentlich, ehe er sich 2012 mit seiner Djembé Experience Trommelakademie in Celle niedergelassen hat.

Was indes einfach aussieht, ist nicht immer einfach. Man lernt nicht nach Notenblättern, sondern hört erst mal, merkt sich den einen und anderen Schlag, bald setzen sich seine SchülerInnen dann auch selbst daran, mit von Sheabutter geschützten Händen, sitzend oder stehend. Die „Ausbildung“ dauert Jahre, das Repertoire umfasst Rhythmen und Tänze, die in Afrika von Generation zu Generation weitergegeben werden.

„Es ist Festmusik, die zu besonderen Tagen wie etwa einer Hochzeit oder nach der Ernte gespielt wird“, so Gensmer, Djembé-Lehrer und Sachverständiger zugleich, bei dem auch Instrumente zur Reparatur abgegeben werden, „eine ziemlich energiegeladene Musik, die einfach zum Teilnehmen auffordert, zu Tanz und Freude mit- und eineinander anfeuert, zu Geselligkeit und Gemeinschaft anregt. Diese Mitmachmusik muss daher rhythmisch und, ja, auch laut sein.“

Djembé-Trommeln sind mit Pergament bezogene Bechertrommeln aus Westafrika, welche erst Mitte etwa des 20. Jahrhunderts ausserhalb des „Schwarzen Kontinents“ bekannter wurden. Sie sind aus Hartholz gearbeitet, welches der hohen Zugkraft der Bespannung standhält. Noch heute werden sie aus besten Klanghölzern gefertigt – Unikate von solider Handarbeit. Eine Djembé besteht aus einem ausgehöhlten, zum Kelch geformten Baumstamm, misst meist etwa sechzig Zentimeter in der Höhe und etwas über dreißig Zentimeter im Durchmesser. Die Wandstärke des Korpus ist unten etwa 25 Millimeter dick. Die Bespannung besteht aus ungegerbter Ziegenhaut, früher wurde auch Antilopenfell verwendet. Manche sind zusätzlich auch mit Rasselblechen gearbeitet. Gespielt werden mehrere Trommeln zugleich, ein typisches Ensemble besteht aus ein bis zwei Begleit-Djembé sowie den Bass-Trommeln Dundun (tief), Sangban (mittel), an denen jeweils zusätzlich eine schmiedeeiserne Glocke namens Kenken angeschlagen wird, die kleine Kensedemi (hoch und in Westafrika meist von Kindern gespielt) sowie einer Solo-Djembé.

Der Beat: Polyrhythmen, eine komplexe Verbindung mehrerer Einzelstimmen, die erst im Zusammenspiel den eigentlichen Rhythmus ergeben. Zugleich eine Form der Nischenmusik, die längst keine mehr ist und in Norddeutschland dennoch kaum zu hören ist, obwohl Malinke-Musik hier populärer ist als man gemeinhin so denkt. Die Spieler hierzulande betreiben das Trommeln meist als Hobby, in Afrika indes sind diese oft Berufsmusiker. Die Djembé Experience Trommelakademie in Celle bietet Sessions, Workshops, Erwachsenen- wie Kinderkurse und Einzelunterricht an – und dazu auch Einblicke in die afrikanische Kultur.

Standort und Navigation: Celle, Hannoversche Straße 30 B
Weitere Infos: trommelakademie.de/standort-celle/

90 Bomann-Museum VII

Migration und Integration im Celler Land

Der nächste Rundgang führt ins Dachgeschoss des Bomann-Museums und beschäftigt sich mit dem Thema „Nicht von hier? Migration und Integration im Celler Land“. Es geht um Auswanderer- und Einwanderergeschichten, um Motive wie Armut, Hunger und Religion, Zwänge wie Krieg und Verfolgung oder Persepektiven wie Arbeit und Freiheit.

Celle ist nicht erst in neuester Zeit Heimat für viele Flüchtlinge geworden, die Stadt war es bereits im 17. Jahrhundert, als verfolgte Hugenotten aus Frankreich hier bei ihrer Landsmännin Herzogin Éléonore d'Olbreuse und ihrem Gemahl, Herzog Georg Wilhelm, freundliche Aufnahme fanden. Diese standen seinerzeit den calvinistischen Lehren besonders nahe, und sie wurden dafür reihenweise ermordert, ihre Orte und Kirchen zerstört und entvölkert. Etwa eine Viertelmillion flüchtete trotz Verbots damals aus Frankreich, vor allem Richtung Deutschland, England, Schweiz und Holland. Um die 300 von ihnen kamen nach Celle – und konnten nie wieder in ihre Heimat zurückkehren.

Die Schrecken des Zweiten Weltkrieges zwangen ebenfalls unzählige Menschen zur Flucht. Niedersachsen nahm bis 1950 um die 1,8 Millionen Flüchtlinge auf, die Bevölkerungszahl in Celle hatte sich seit 1939 damit verdoppelt. Über 27.000 Menschen kamen damals hierher und in die nähere Umgebung. Die Flüchtlinge waren von der Bevölkerung nicht immer wohlgelitten, sie mussten oftmals offene Ablehung erdulden. Viele von ihnen blieben trotzdem und es entstanden zahlreiche neue Wohngebiete mit Straßennamen, die noch heute an den Verlust der Heimat erinnern: Schlesierweg, Pommernweg, Ostpreußenstraße, Danziger Straße, Tilister Straße, Königsberger Straße …

Für viele Jeziden ist Westeuropa im Laufe des 20. Jahrhundert zur neuen Heimat geworden, eine große Gemeinde hat sich in Celle etabliert – hier leben um die 8000 von ihnen. Für alle gilt seit 1982 die asylrechtliche Anerkennung als Flüchtlinge. Das jezidische Kulturzentrum in Celle ist ein Integrationsprojekt der EU und wurde durch ehrenamtliche Arbeit erstellt. Bemerkenswert an dem 1300 Quadratmeter umfassenden Zentrum ist neben Sprach-, Musik- und Religionsunterricht das Projekt Hêvî für Frauen in Not, eine von ezidischen Frauen gegründete Beratungsstelle, die sich auch als Brückenbauer bezeichnet.

Ein ganzes besonderes Exponat in diesem Teil der Ausstellung ist daher ein Apparat, an dem BesucherInnen den Deutschen Einwanderungstest machen können, den AusländerInnen, welche die deutsche Staatsbürgerschaft anstreben, mit siebzehn von 33 ausgewählten Fragen richtig beantworten müssen. Die Fragen sind teils recht schwierig, obwohl Antworten zur Auswahl stehen, und nicht allen Deutschen dürfte es problemlos gelingen, diese Fragen korrekt zu beantworten: Wie oft wird das Europäische Parlament gewählt? Welches Amt gehört in Deutschland zur Gemeindeverwaltung? Warum gibt es die 5%-Hürde im Wahlgesetz der Bundesrepublik Deutschland? Wer bildet den deutschen Bundesrat? Wie würden Sie selbst dabei abschneiden? Testen Sie es im Museum doch einfach mal aus!

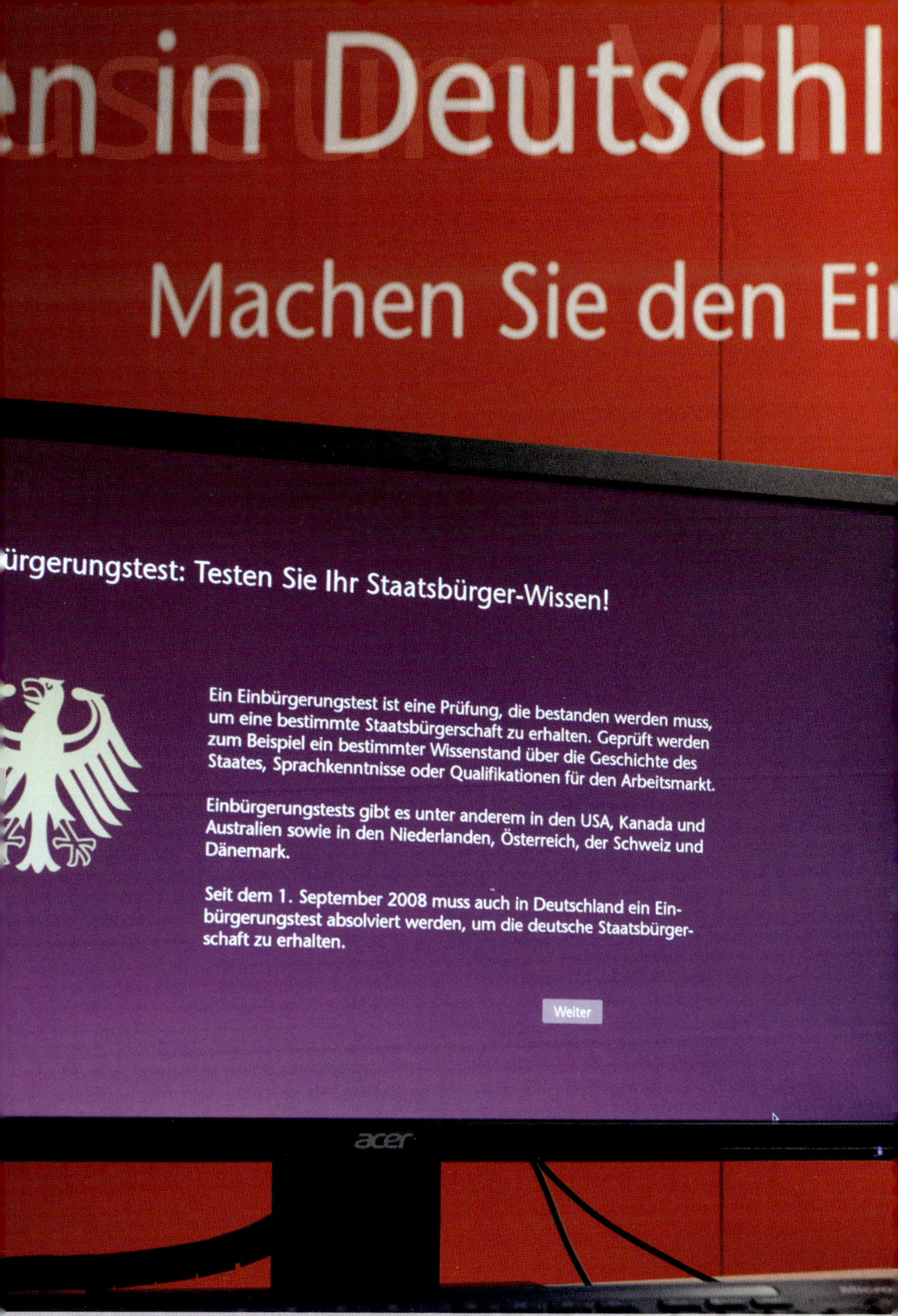

Standort und Navigation:
Einwanderungstest im Bomann-Museum: Celle, Schlossplatz 7

91 Weihnachtliches in Celle

Abseits von Jingle Bells und Co.

Dass halb Skandinavien gern – meist bei Nieselregen statt Schneegestöber – in Celle den Weihnachtsmarkt mit seiner pittoresken Fachwerkulisse besucht, ist mittlerweile hinlänglich bekannt, auch, dass das Landgestüt in Celle für einen stimmungsvollen Markt an einem Adventswochenende seine Tore öffnet. Doch darüber hinaus sind hier noch andere vorweihnachtliche Orte zu entdecken – wie etwa der bereits zur Tradition gewordene Weihnachtsmarkt im Hof der Celler Justitvollzugsanstalt. Die Location mag ungewöhnlich sein, doch selbst in dieser Umgebung wird einem plötzlich warm ums Herz, wenn die Arbeiten aus den hauseigenen Werkstätten angeboten werden – eine Auswahl des allseits beliebten Celler „Knast-Grills" in verschiedenen Ausführungen, Feuerkörbe und -schalen in vielerlei Größen, Gartenbänke, schönes Holzspielzeug und vieles mehr. Für das leibliche Wohl sorgen zudem die Köche und Bäcker der Anstaltsküche. Für die Kleinen steht ein Kinderkarussell bereit, weitere externe Anbieter präsentieren ebenfalls zum Sortiment passende Waren.

Für viele CellerInnen darf es „ohne" gar nicht mehr Weihnachten werden: das Singen am 24. Dezember morgens um halb acht bei Kerzenschein in der Kalandgasse nahe der Stadtkirche. Menschen aller Altersklassen bilden dabei zusammen mit den Mitgliedern der Kantorei einen Spontanchor und singen weihnachtliche Lieder und Choräle, um sich auf Heiligabend einzustimmen. Die Stimmung dabei ist bezaubernd ungewöhnlich – und wunderbar weitab vom Jingle Bells-Gedudel in den Käufhäusern. Der Brauch geht zurück auf Fritz Schmidt, in den Zwanzigern Musiklehrer am Celler Oberlyceum (Kaiserin-Auguste-Viktoria-Gymnasium), ehrenamtlicher Kirchenmusikdirektor der Stadtkirche und – Geburtstagskind am 24. Dezember. Was einst als Geburtstagsständchen begann, zeitweise eingeschlafen war und 1993 durch Schmidts Nachfolger in dritter Generation, Cord Michaelis, wieder eingeführt wurde – auch dieser hat am 24. Dezember Geburtstag – hat mittlerweile seinen festen Platz in den vorweihnachtlichen Annalen der Stadt und gehört zum festen Repertoire der Stadtkirche. Nach einer halben Stunde ist alles vorbei und es kann Weihnachten werden.

Wenn am 25. Dezember nachmittags um drei im Wald bei Osterloh „O du fröhliche" erschallt, dann ist wieder Altenceller Waldweihnacht, eine festliche Andacht mit besinnlichen Texten und Liedern, zu der oftmals hundert und mehr Menschen strömen, um Weihnachten ganz urtümlich unter freiem Himmel zu feiern. Ein kleiner Spaziergang durch den Winterwald, dann entdecken Sie eine erhellte, kleine Lichtung, einen Weihnachtsbaum mit Lichterkette, den Strom bezieht diese aus der nah gelegenen Scheune von Bauer Bruns. Ein Feuerkorb spendet Wärme und Licht. Nicht immer schneit es beschaulich, wie man es sich eigentlich an dem Tag doch so sehr wünscht, manchmal regnet es gar und die Besucher und Musikanten wärmen dann gern daran ihre Hände wie Instumente auf. Alkoholfreier Punsch, der hernach ausgeschenkt wird, sorgt zudem für Wärme von innen. Es ist eine ungewöhnliche Feier, welche mit besonderem Zauber die frohe Botschaft verkündet.

Standort und Navigation:
Markt JVA: Celle, Trift 14
Singen am 24.: Celle, Kalandgasse
Waldweihnacht am 25.: Celle, Ahnsbecker Weg, dann 1. Rechts, vorbei an Im Sande und geradeaus weiter, eine Abzweigung nach links passieren, weiter bis zur Weggabelung

92 Gaststätten in Celle 9

Von alten Ausspannwirtschaften, feinen Gasthäusern, historischen Schänken, fremden Küchen, gemütlichen Cafés, angesagten Szenelokalen und Kultkneipen

Das Rio's ist nicht irgendeine Kneipe, es ist eine Institution! Dennoch scheiden sich daran die Geister, aber abends vor allem ist es die junge und etwas andere Szenebar – und für hier Aufgewachsene der „Ich-bin-gerade-mal-wieder-zuhause-in-Celle-Treff". Zudem – wer dort einmal gefrühstückt hat, auch wenn er nicht mehr unter dreißig ist, wird wieder hingehen. Gerüchten zufolge soll das Rio's übrigens auch die beste und umfangreichste Gin-Bar in Celle haben! In dem Haus am Neumarkt, früher Meckermarkt genannt, befand sich in den Sechzigern das verruchte „Klein Sankt Pauli", eine Imbissbude, die seinerzeit die allerersten Hot Dogs in Celle anbot. Zwanzig Jahre später belebte darin das „Ringelnatz" die Szene. Hier wurde das zeitweise wohl recht beliebte „mit dem Barhocker über die Allerbrücke-Wetthüpfen" erfunden! Zu jener Zeit tummelten sich hier auch Damen, die dem horizontalen Gewerbe angehörten. 1995 schließlich öffnete das Rio's seine Pforten.
Die KombinierBar versteht sich als Deko-Salat-Café, wo Sie Dekoratives für Zuhause einkaufen und Herzhaftes wie Süßes direkt vor Ort genießen können. Hier wird selbst gebacken und gerührt, der Bastelsalat, nach Kundenwünschen eigens zusammengestellt, erfreut sich ebenso großer Beliebtheit wie der „Mitarbeiter des Monats", der Überraschungssteller. Und wenn es heißt „Celle tanzt aus der Reihe", dann rockt die Marktpassage mit Livemusik, Gig von Radio 21, kulinarischen Kleinigkeiten, Prosecco- und Weinbar. Kleines Geheimnis am Rande: Die blaue Tür rechts der KombinierBar war angeblich mal der heimliche Ausgang aus einem benachbarten Bordell …
Das „Herzog Ernst" ist, was den Namen angeht, einer historischen Persönlichkeit entlehnt: Der Welfe mit dem Beinamen „der Bekenner" führte im 16. Jahrhundert in seinen Landen die Reformation ein. In der Kneipe indes geht es alles andere als historisch zu – hier gibt es oft Livemusik zu hören, es darf manchmal geraucht werden und Gerd, Guru of the Kitchen, zaubert auch gerne mal „special wishes"!
Das Gasthaus Zur Börse kann auf eine lange Restaurationsgeschichte zurückblicken, etwa als Ausspannwirtschaft namens „Zum Bienenhaus in Westercelle". Den heutigen Namen trägt es seit Mitte des 19. Jahrhunderts und ist nach dem einst gegenüber liegenden Börsenplatz benannt worden, ein organisierter Handelsplatz und Treffpunkt für fahrende Händler. In der „Börse" gibt es gutbürgerliche Küche, die bei Monteuren besonders beliebt ist.
Das Schankrecht für den Landgasthof Sohnemann, so ist es auf einigen Urkunden noch nachzulesen, wurde dem Altbauer Heinrich Hemme zu Bostel 1869 verliehen. Seitdem wird das ehemalige Bauernhaus (1912 um zwei Räume erweitert, eine schöne alte Schiebetür aus jener Zeit ist noch vorhanden) als Gastätte geführt – und gilt mit seiner saisonal-regionalen Küche als beliebter Treffpunkt der Einheimischen wie auch als häufig anvisiertes Ausflugsziel im Celler Ortsteil Bostel.

Standort und Navigation:
Rio's: Celle, Neumarkt 6
KombinierBar: Celle, Kanzleistraße 7 (Marktpassage)
Herzog Ernst: Celle, Neue Strasse 15
Zur Börse: Celle, Hannoversche Heerstraße 132
Sohnemann: Celle-Bostel, Straßenkamp 4

93 Die archäologische Fahrradtour

Wenn die Landschaft zu sprechen beginnt

Die Wiege von Celle steht im Vorort Altencelle. Dorthin und zu einigen weiteren urgeschichtlich, geschichtlich und archäologisch interessanten Kulturdenkmälern führt eine halbtägige, etwa sechzehn Kilometer lange Fahrradtour, welche die Archäologin Dr. Catherine Atkinson, die hier einige Zeit beschäftigt war und Ausgrabungen an der einstigen Stadtbefestigung leitete, bereits seit vielen Jahren anbietet. Dabei geht sie mit ihren Gästen auf Spurensuche nach alter Besiedlung und „durchradelt" mit ihnen einen Zeitraum, der über 10.000 Jahre umfasst. Sie will dabei „das Gelände sichtbar und die früheren Lebensarten lebendig machen."

Die erste Station ist der Schwalbenberg an der Lachte, eine eisenzeitliche Begräbnisstätte auf einer Sanddüne (s. Kap. 27). Hier wurden beim Sandabbau Anfang des 20. Jahrhunderts rauhwandige Urnen gefunden. Die Tour führt weiter zur Brunonenburg, die auf das 10. Jahrhundert zurückgeht und eine Gründung Brunos VI., einem Markgrafen von Kaiser Otto III., sein könnte. Die Burg, Ausgangspunkt für die späteren Entwicklungen in diesem Raum, diente einst als Residenz, und bestand aus Palas, Wohnturm und weiteren Gebäudeteilen. Es sind Fumdamentreste aus drei Bauphasen bis um 1300 nachgewiesen. In der Nähe finden Sie die Gertrudenkirche, vermutlich bereits um das Jahr 1000 gegründet, daneben lag einst der frühmittelalterliche Mutterort von Celle namens Kellu, später Tsellis genannt, der seit 2009 durch Grabungen auf sich aufmerksam macht – die Bedeutung dieser Stätte und ihr herausragendes Potential lockt immer wieder Archäologen hierher, um die räumliche Ausdehnung der kleinen Stadt weiter zu erforschen.

Nächste Station ist die Nienburg nahe der Aller, ein eckig-ovales Plateau natürlichen Ursprungs, welches wohl einst als Befestigungsanlage diente. Manche Forscher vermuten dahinter ein Kastell Karls des Großen oder Verteidigungsstellungen im Dreißig- (1618–48) oder Siebenjährigen Krieg (1756–63). 1749 jedenfalls wird die Anlage als Alte Schanze betitelt.

Weiter geht's zum Föscherberg, einer leichten Anhöhe mit elf Grabhügeln aus der Bronzezeit, in denen die Leichname in Särgen aus ausgehöhlten Eichenstämmen bestattet wurden. Fundstücke deuten darauf hin, dass den Toten auch Bronzeschmuck und -waffen sowie Feuersteinpfeilspitzen mit ins Jenseits gegeben wurden.

Die Datierung des Ringwalls bei Burg, einst vielleicht eine Fluchtburg und zur Sicherung einer nahe gelegenen Siedlung sowie eventuell einer Furt durch die Fuhse angelegt, geht zurück ins 10. Jahrhundert. Der ursprünglich ca. drei Meter hohe Wall bestand aus Plaggen und Holzversteifungen, die Bebauung bestand aus Toranlage mit Erdbrücke und drei Häusern in Pfostenbauweise; die Bauten mit nachgewiesenen Herd- und Feuerstellen waren in mehrere Räume unterteilt.

Die letzte Station ist ein mittelsteinzeitlicher Siedlungsplatz am Flüsschen Fuhse aus ca. 8000–4000 v. Chr. Nach der Ansiedlung von Abdeckern Ende des 19. Jahrhunderts wird die Stelle bis heute Schinderkuhle genannt; sie stellt einen wichtigen Fundort im Celler Raum dar, der leider durch Eingriffe im Boden für die Forschung verloren gegangen ist.

Start: Celle, Nordseite der Pfennigbrücke über die Aller
Weitere Infos: www.renaissance-labor.de/seiten/exkursionen.htm

94 Honi soit qui mal y pense

Was der Hosenbandorden mit Celle zu tun hat

„Honi soit qui mal y pense" – das ist das Motto des englischen Hosenbandordens, 1348 von Eduard III., König von England, gestiftet. Bis heute zählt der Orden zu den angesehensten in ganz Europa. Ordensträger sind derzeit die Queen, Mitglieder des englischen Königshauses (Royal Knights and Ladies) – 2008 wurde Prinz William als tausendstes Mitglied aufgenommen – sowie ausländische MonarchInnen (Stranger Knights and Ladies), jedoch nicht deren ThronfolgerInnen, sowie maximal 24 weitere Erwählte, die sich um das Königreich, in welcher Weise auch immer, verdient gemacht haben. Der japanische Kaiser ist das einzige nichtchristliche Mitglied.

Bereits zehn Jahre nach Gründung wurde die erste Frau aufgenommen, Eduards Ehefrau, Philippa von Hennegau, wurde damit „Lady of the Garter". Bis heute sind etwa zwanzig Prozent der Mitglieder weiblichen Geschlechts. Die Aufnahme von Mitgliedern erfolgt in unregelmäßigen Abständen, zwischen denen teils mehrere Jahre liegen können.

Die Herkunft des Ordensnamens „Order of the Garter" (= Strumpf- oder Knieband) ist unklar, es ranken sich indes darum Geschichten wie etwa diese, dass des Königs Geliebte beim Tanz ihr blaues Strumpfband verloren haben soll und der Souverän daraufhin selbiges aufgehoben und sich selbst am Bein angelegt habe. Dabei soll er, übersetzt, gesagt haben „Beschämt sei, wer schlecht darüber denkt" – was hierzulande zu „Ein Schelm, wer Böses dabei denkt" wurde. Eine andere Legende besagt, dass der König nach dem Missgeschick die Geliebte eilig mit seinen Armen vor allzu neugierigen Blicken zu schützen versuchte, indessen sie sich das Band rasch wieder anlegte. Dabei tat er, dem Hofstaat zugewandt, sein berühmtes Sprüchlein kund und konnte damit auch gleich seine ritterliche Gesinnung demonstrieren – oder seinem Verlangen nach einer Nacht mit besagter Dame auf galante Weise Ausdruck verleihen. Je nach Auslegung ist beides möglich, doch wie dem auch sei: Celle hat seinen festen Platz in der europäischen Geschichte – die Stadt ist durch die Personalunion der hannoverschen Fürsten, die 123 Jahre lang (1714–1837) zugleich auf dem englischen Thron saßen, mit dem Inselreich eng verstrickt. Diese Monarchen, die hier wie jenseits des Kanals wirkten, sind ebenso Träger des Ordens wie auch der letzte Celler Herzog Georg Wilhelm oder letzte König von Hannover, Ernst August. Wer diese Doppel-Souveräne gern mal samt ihren jeweiligen blauweißen Hosenbändern, unterm Knie getragen (Georg II. und III.) oder jedenfalls mit dem Hosenbandorden geschmückt (Georg IV.), ansehen möchte, kann das im Plenarsaal des Oberlandesgerichtes tun – dort hängen sie allesamt – in Öl und aller Pracht und Schönheit!

Zudem: Georg I. begründete 1710 das Celler Werck-, Zucht- und Tollhaus (JVA). Es gilt heute als das älteste Gefängnis noch in Funktion in Deutschland. Die Mär, dass Celler BürgerInnen diesem vor einer Universität zum Schutz ihrer Töchter den Vorzug gaben, indes gehört in den Bereich der Legenden – die Uni in Göttingen wurde erst 1734 gegründet. Doch das Wappen mit dem Motto des Hosenbandordens ist im historischen Innenhof der heutigen JVA noch zu sehen.

Standorte und Navigationen:
Gemälde im Plenarsaal des OLG Celle: Schlossplatz 2
Wappen im historischen Innenhof der JVA Celle: Trift 14

95 Die herzögliche Hofbibliothek ...

... und was davon noch übrig ist

Als im März 1913 die Grundsteinlegung für den Kirchenturm der Celler Stadtkirche erfolgte, waren diesem Tag zähe Verhandlungen und fatale Entscheidungen zur Finanzierung desselben vorangegangen. Trotz der Sammlungen, welche der bereits 1883 neugegründete Turmbauverein initiiert hatte, reichte das Geld dafür von vorn bis hinten nicht. Man griff daher zu einem drastischen Mittel, das heute nur noch ungläubiges Kopfschütteln hervorzurufen vermag – geistliches Ministerium und Kirchenvorstand seinerzeit entschieden, die ältesten Bände der im 16. Jahrhundert von Herzog Ernst dem Bekenner (1497–1546) gegründeten Hofbibliothek möglichst gewinnbringend zu veräußern. Gesagt, getan – an die 5000 Bände gingen weg: 4628 davon bekam allein die königliche Bibliothek in Berlin, weitere Exemplare erhielten die Universitätbibliothek in Göttingen und die Bibliothek im Welfenschloss des Herzogs von Cumberland in Gmunden. Einige Bände sollen auch den Weg in die Staatsbibliotheken Greifswald und Halle gefunden haben. Fort waren die Schätze, „deren Unterbringung eine unzureichende und deren Verwaltung eine Last war“, so der damalige Superintendent.
90.000 Mark – eine Mark entsprach damals dem Wert von circa 4,70 Euro – kamen bei dem „Ausverkauf“ zusammen. Mit den bereits zusammen gesammelten Beträgen, aufgelaufenen Zinsen, einer großzügigen Schenkung und Geldfluss aus einer städtischen Stiftung standen nun die notwendigen Mittel über 165.000 Mark für den Turmbau inklusive den notwendigen Änderungen, wie Verlegung des Dachreiters und der Glocken sowie die Erneuerung von Orgel und Uhr zur Verfügung.
In der herzöglichen Hofbibliothek, heute Kirchen-Ministerialbibliothek der Stadtkirche Celle, verblieben noch um die 17.000 Bände, darunter ein Konvolut mit Schriftwechsel zwischen dem Celler Herzogshaus und Martin Luther. Die Bände gehören heute zu den öffentlich zugänglichen Bibliotheken der evangelisch lutherischen Landeskirche Hannovers im Kirchenamt Celle. Sie bilden zusammen mit dem weiteren vielfältigen Bestand eine theologische Spezialbibliothek mit einem Umfang von etwa 62.000 Bänden, zu dem unter anderem tausende historische Bände zählen. Die meisten Werke sind in deutscher Sprache abgefasst, es liegen jedoch auch über 1000 Titel in lateinischer, griechischer, englischer oder auch niederdeutscher Sprache vor. Schwerpunkt bildet das gesamte Spektrum der Theologie. Zudem finden sich darin BIbliothekskataloge, Auktionskataloge, Zeitschriften, Werke der klassischen griechischen und lateinischen Literatur, philosophische und philologische Schriften, Biographien, Bände zu Magie und Aberglaube, Astronomie, Astrologie, Kunst, Musik, Jura, Medizin sowie Bände zu Land- und Forstwissenschaft, Technik, Mathematik, Kriegs- und Agrarwissenschaften. Und schließlich darf auch das nicht fehlen: Literatur zur niedersächischen Geschichte, Kultur- und Kirchengeschichte insbesondere des Herrscherhauses Hannover und Braunschweig wie etwa Biografien, Flugschriften, Streitschriften und Polemiken, Werke zu Okkupationen und damit zuammenhängenden neuen Verfassungen und Rechtsvorschriften sowie Literatur zum Celler Stadtrecht.

Standort und Navigation: Celle, Berlinstraße 8, Haus D

96 Bei den Celler Rhönradsportlern

Der richtige Dreh

Rhönradturnen? Ist nur wenigen hierzulande bekannt, doch Celle mischt mit! Und darf sich obendrein sogar einer Rhönradweltmeisterin rühmen! 1995 wurde die erste Rhönrad-WM in Den Helder, Niederlande, ausgetragen, 2007 erlangte Sabine Bierfreund vom ESV Fortuna Celle den Weltmeistertitel im Mannschaftsturnen in Salzburg. Heute ist sie als Spartenleiterin und Trainerin in dem Verein tätig, in dem sie bereits seit Kindertagen turnt. Mit dem Rad. Das ist das Entscheidende. Nicht am Rad, sondern mit dem Rad, denn dieses muss dabei ständig rollen und während der Turnübungen in den drei Disziplinen Geradeturnen, Spiraleturnen und Sprung entsprechend beherrscht werden. Dazu sollen noch Anmut und Haltung gezeigt werden – was alles zusammen nicht gerade einfach ist.

Als Erfinder des Rhönrads gilt der Pfälzer Otto Feick, der zu Beginn des jungen 20. Jahrhunderts politisch ziemlich umtriebig und im Abwehrkampf gegen die Loslösungsbestrebungen der Pfalz von der Militärpolizei in Mainz – damals französisch besetzt – aktiv war, weswegen er 1921 eine Haftstrafe absitzen musste. Bereits als Kind war der Sohn eines Schmieds in zwei miteinander verbundenen Wagenreifen gerne den einen oder anderen Hügel hinab gerollt. Diese Erinnerung im Hinterkopf, konzipierte er während der Haftzeit das Rad, welches bald darauf als Turn- und Sportgerät Geschichte machen sollte. Nach seiner Entlassung nämlich gründete er in Schönau in der Rhön eine Metallwerkstatt und baute das Sportrad, welches er 1925 zum Patent anmeldete und gleich in über dreissig Ländern schützen ließ. Er nannte es Rhönrad, führte dieses in der Deutschen Hochschule für Leibesübungen im Sportforum Berlin vor und präsentierte es auf einer Erfindermesse. Rasch wurde das Ausland aufmerksam. Es folgten Einladungen nach England, Frankreich und schließlich sogar in die USA, wo 1929 der Film „Dynamit“ unter der Ägide von keinem geringeren als dem Regisseur Cecil B. DeMille gedreht wurde. Darin wird ein Rhönrad-Rennen vorgeführt. Der Film war bei der Oscarverleihung 1930 in der Kategorie Bestes Szenenbild nominiert. Im selben Jahr lief er auch in den deutschen Kinos an.

Das erste internationale Rhönradturnier fand 1930 in Bad Kissingen statt. Während der Olympiade 1936 in Berlin wurden Rhönraddarbietungen im Show-Programm gezeigt und Celler Sportler – Teilnehmer eines Lehrgangs – brachten das Rad sozusagen mit nach Hause in die Heidestadt. 1948 gingen sie damit auf Schauturnveranstaltungen. Doch dann drohte der Rhönrad-Sport in Celle einzuschlafen. Es ist letztlich Susanne Lohse zu verdanken, dass dies nicht geschah – sie übernahm zu Beginn der Siebzigerjahre vierzehnzehnjährig das Training und kümmert sich bis heute darum!

Die Sparte ist heute zwar noch immer klein, aber dafür sehr fein. Zum Internationalen Rhönradturn-Verband zählen neben Deutschland derzeit die Länder Dänemark, Israel, Japan, Kolumbien, die Niederlande, Norwegen, Österreich, die Schweiz und USA.

Otto Feick indes, der 1959 verstarb, wurde mit seiner Erfindung weder besonders reich, noch konnte er erleben, wie sich „sein Sport“ nicht nur in Deutschland, sondern über die Jahre weltweit etablierte.

Standorte, Navigationen und Trainingszeiten:

CD-Kaserne: Celle, Hannoversche Str. 30
Montags Leistungs- und Bundesklasse 16:00 – 20:00 Uhr
Mittwochs Bundesklasse 17:00 – 20:00 Uhr
Donnerstags Anfänger 16:00 – 17:00 Uhr, Fortgeschrittene 17:00 – 18:30 Uhr
Turnhalle der Grundschule Klein Hehlen: Celle, Wagnerweg 40
Freitags Bundesklasse 17:00 – 19:00 Uhr

97 Das Hoppener Haus

Wohnstätte des ersten deutschen Ehrenbürgers

Keine Stadtführung in Celle ohne Hoppener Haus! Und tatsächlich, das 1532 erbaute Haus zählt zu den ältesten, größten und schönsten Fachwerkbauten in der gesamten Stadt. Das sechsgeschossige Haus mit den auffälligen Vorkragungen, das nach seinem Besitzer Simon Hoppener benannt ist, wurde über und über mit einer auffällig reichen Ornamentik versehen. Die aufwändigen Schnitzereien werden dem Künstler Simon Stappen zugeschrieben, einem der bedeutendsten Holzbildhauer in der Braunschweiger Region jener Zeit, der nachweislich von 1532 bis 1537 in Diensten von Herzog Heinrich dem Jüngeren tätig war, wie etwa am Huneborstelschen Haus (heute Gildehaus). 1900 wurden die Schnitzereien am Hoppener Haus vom Celler Maler Wilhelm Kricheldorff gestaltet, der mit farbig gestalteten Akzenten Maßstäbe setzte, welche die Fassaden und damit das Erscheinungsbild der Häuser in der Altstadt nach langer Zeit der Tristesse wieder und nachhaltig bis zum heutigen Tage verändert haben. Die Schwellen, also die hölzerenen Querbalken, an der Traufseite des prächtigen Hauses zeigen einen Laubstab – typisch für die Bauzeit. Die Verzierungen an der Giebelseite indes sind sehr figuren- und blütenreich. Hier sind ein Hahnenreiter, ein Finkenreiter und die „Butterhanne" auf einem Ziegenbock ebenso zu finden wie ein Faun mit zwei Hirtenflöten. Dazwischen sind Köpfe, Ungeheuer und Tiere zu erkennen. Besonders auffällig ist die Darstellung einiger römischer Gottheiten wie Merkur (Gott der Händler und Diebe) mit Stab in einem Beutel, Diana (Göttin der Jagd, des Mondes und der Geburt) mit einem Bogen und Venus (Göttin der Liebe, des erotischen Verlangens und der Schönheit) mit Erdkugel und Cupido, einem Liebesgott. Man könnte damit zu dem Schluss gelangen, dass der Besitzer des Hauses nicht sehr religiös war – oder dem damaligen Herzog Ernst, dessen Konterfei erst seit 1901 die Fassade neben einer kleinen Luke ziert, und seiner Zwangspolitik zur religiösen Neuorinentierung in Sachen Reformation nicht folgen wollte, oder ihm diese gar sehr übel nahm und seine wahre Gesinnung auch an seinem Haus zum Ausdruck bringen wollte. Wer weiß es schon noch so genau? Vielleicht war auch nur der Künstler ein Ungläubiger …

Hoppener, seinerzeit der angesehene und einflussreiche Amtschreiber des Herzogs und spätere Rentmeister (mit dem heutigen Finanz- und Wirtschaftsminister vergleichbar – er war also der „Schäuble des Herzogs") war der erste Freibürger deutschlandweit, der ehrenhalber vom Bürgergeld (Steuer) befreit war. Er dürfte somit als erster Celler und sogar als ältester, 1547 registrierter und nachgewiesener Ehrenbürger in ganz Deutschland gelten – noch weit vor Saarbrücken und Hannover (1790) oder Frankfurt am Main und Bremen (1795). Aber alle Ehre und aller Reichtum nutzten ihm am Ende nichts: 1566 raffte ihn die Pest dahin. Verschiedene Bewohner gingen nach Hoppeners Tod im Laufe der Jahrhunderte im Haus ein und aus. Lange Zeit war es die Wohnstatt von Juristen, mehreren Leib- und Hofmedici, darunter auch Albrecht Daniel Thaer, später wurde es Sitz einer Konditorei und einer Kolonialwarenhandlung. Im Oktober 1932 stand es lichterloh in Flammen und brannte innen komplett aus. Doch der Giebel und die reich verzierten Balken blieben verschont.

Standort und Navigation: Celle, Poststraße 8

98 Die Bootswerft in Westercelle

Kiel oben und Kiel unten

Zunächst schlägt neugierigen BesucherInnen ein „freundliches" Geruchs-Potpourri von Holz, Kunststoff, Leim und dergleichen mehr entgegen. Hat man das atemtechnisch gesehen erst mal auf die Reihe gekriegt, darf man staunen. Eine echte Bootswerft in Celle?

„Eher ein Bootskiosk, eine absolute Klitsche", so der Inhaber Helmut Rehberg, seines Zeichens Celler Kind, gelernter Boots- und Schiffsbauer, Schiffskonstrukteur und Betriebswirt, „klein und fein. Dafür machen wir das Schönste und Teuerste am Markt." Der indes ist nicht groß: Weltweit existieren etwa zwanzig Bootswerften – die Größte von ihnen hat ihren Sitz bei Heidelberg. Die Bootswerft in Celle hat sich auf Sportruderboote spezialisiert. Über siebzig Prozent der Boote werden aus Kunststoff, alle anderen aus Holz gebaut. Die Werft ist somit eine der letzten, die noch mit Holz arbeitet. Hierbei werden alte Techniken benutzt, wie sie früher schon die Wikinger für ihre Holzklinkerboote kannten, aber auch moderne Techniken, die in der Raumfahrt verwendet werden. Jedes Boot entsteht individuell und wird vor dem Bau an Parametern der Mannschaft wie Geschlecht der Personen, Größe, Gewicht, Alter und – das ist dem Alter meist auch geschuldet – dem Umfang der zukünftig an den Partien beteiligten Bäuche vermessen. Doch egal wie, die Wände der fertigen Boote sind mit teils nur 0,8 Millimeter Dicke wirklich hauchdünn gearbeitet und damit sehr leicht und zugleich strapazierfähig – und können bis zu achtzig Jahre halten.

Für Kunststoffboote werden Materialien wie die extrem widerstandsfähige Aramidfaser, aus der auch schusssichere Westen hergestellt werden, Diolenleinen und Kohlefaser verwendet. Diese werden mit Harz, Härter und im Vakuum bearbeitet, anschließend geschliffen und glatt poliert. Die Arbeit eines Bootsbauers, so Rehberg schmunzelnd, besteht, ob Kunststoff oder Holz als Grundlage, vor allem aus Schleifen und Lackieren. Das Holz dafür, nur edelste Sorten, wie etwa Mahagoni, stammt aus Südamerika und wird vom Firmeninhaber höchst persönlich ausgesucht – jeder potentielle Stamm wird erst einmal geschultert und getragen, um sein Gewicht richtig einzuschätzen. Die Formen, in denen die Boote gebaut werden – man muss sie sich in ihrer Funktion ungefähr vorstellen wie Backformen für einen Kuchen – hat Rehberg selbst entworfen. Seine Spezialität: Die Boote sind von hinten nach vorn leicht aufwärts gebogen und damit auch für rauere Gewässer geeignet. Kunststoffboote werden übrigens Kiel unten, Holzboote Kiel oben gebaut, und bei Rehberg streng nach dem Grundsatz: form follows function. Ganz nebenbei werden in der Celler Werft auf Anfrage auch noch Segelboote gebaut, ebenso Designmöbelstücke vom Klodeckel bis zum Schreibtisch und Rudergeräte für den Weltraum, damit Astronauten ihre Muskulatur, die im All bekanntlich schnell verschwinden kann, optimal trainieren können. Übrigens: Wasserfahrzeuge unter 500 BRT werden in Deutschland meist als Boote definiert, über 500 BRT als Schiffe – was auf die Hamburger Schiffsbegrüßungsanlage Willkomm-Höft zurückgeht, die nicht jeden noch so kleinen Kahn, der einst den Hafen anlief oder verließ, begrüßen und verabschieden wollte…

Standort und Navigation: Celle, Rakyweg 15

99 Minzefelder an der Lachte

Wilde Wasserminze ganz verborgen

Es gibt sie noch, die verborgenen Orte, die überraschen können. Zum Beispiel an den beiden Flüssen Aller und Lachte, oft direkt an den Böschungen, an den seichten Uferabschnitten oder direkt auf der städtischen „Dammaschwiese“, finden Sie in manchen Jahren wilde Wasserminze. Diese Minzeart, auch Bach- oder Fischminze genannt, ist eine Sumpfpflanze und trägt bläuliche bis violetten Blüten. Sie verbreitet ein angenehm aromatisches und minziges Aroma, welches weithin „erschnuppert“ werden kann.

Wasserminze zählt zusammen mit Echtem Mädesüß und Eisenkraut zu den so genannten heiligen Kräutern der Druiden. In der Antike war Wasseminze häufig Bestandteil des Kykeon, eines Mischgetränks ähnlich wie Bier und aus Getreide, Wasser, Honig, Kräutern, möglicherweise auch berauschenden Pilzen, Opium und Rauschgras gerührt. Eine geheimnisvolle Rolle spielt der Kykeon vor allem in den Mysterien von Eleusis, den geheimnisvollen Initiations- und Weiheriten, die sich um die Gottheiten Demeter und Kore drehten und die zum Staatskult der Athener gehörten. Die Teilnehmer dieser Mysterienfeiern mussten unter Androhung der Todesstrafe zu den Riten stillschweigen. Die den Riten folgende Aufnahme in einen Zirkel versprach den Mitgliedern, dass ihnen nach dem Tod Anteile an der göttlichen Macht gewährt würden.

Die Blätter der Wasserminze enthalten ätherische Öle, ähnlich wie Pfefferminze, haben jedoch weniger Nebenwirkungen. Dioskorides, griechischer Arzt, Militärarzt unter den Kaisern Claudius und Nero im römischen Dienst und der berühmteste Pharmakologe des Altertums, empfahl den Tee von Wasserminzeblättern bei Harnwegsinfektionen, Erkältungen und Kopfschmerzen aller Art. Früher flocht man Wasserminzestängel auch zu Haarkränzen, was selbst Kneipp noch gegen Kopfschmerzen empfahl. Hildegard von Bingen empfahl Wasserminze bei Magenproblemen, ebenso zur Gichtprophylaxe und gegen Husten. Als Badezusatz wirkt Minze erfrischend und belebend, Auflagen oder Kompressen wirken kühlend und abschwellend.

Doch wer kerngesund ist, kann auch einfach mal die Gegend erkunden und in Beschlag nehmen: einfach ein wenig verborgen vor allzu neugierigen Blicken, und mit Blick aufs Wasser den schönen Sonnenuntergang am Wasser genießen. Dazu empfiehlt sich vielleicht ein Kykeon? Oder ein Gläschen Hugo? Da sind bekanntlich auch einige Blättchen Minze drin. Sie benötigen dafür nur: Zu gleichen Teilen Prosecco und Mineralwasser, einen Esslöffel Holunderblütensirup, je ein bis zwei Limettenscheibchen und besagte Minzeblättchen, sowie einige Eiswürfel.

Standort: Allerniederung, Lachtemündung, Dammaschwiesen
Navigation: Celle, Am Tiergarten (Parkmöglichkeiten), von da aus zu Fuß oder per Rad weiter Richtung Aller und Lachte

100 Der Fürstenhof

Von Sternen, Adligen und Afternoon Tea

Celle darf sich eines der besten Restaurants in ganz Niedersachsen rühmen. Der „Endtenfang“ im Hotel Fürstenhof – benannt nach einem einstigen herzöglichen Vogelfanggebiet vor der Toren der Stadt (s. Kap. 18) – kann mit einem Michelin-Stern aufwarten und wurde von Gault Millau mit siebzehn Punkten ausgezeichnet. Neben der exquisiten Küche, welche in den Siebzigerjahren noch täglich Ware frisch vom Pariser Großmarkt bezog, kann das Haus auch eine lange Geschichte vorweisen: Der Bau wurde um 1677 errichtet. Wenige Jahre später kam er in den Besitz von Francesco Maria Cappelini, der das Haus einst ausländischen Diplomaten am Celler Hof als Unterkunft zur Verfügung stellte. Der Name des Italieners, welcher der Legende nach 1640 als Spross einer verarmten Adelsfamilie in Rimini geboren wurde und sich in Venedig als Betteljunge verdingte, ist mit der Stadt Celle eng verbunden. In Diensten des letzten Celler Herzogs Georg Wilhelm, der den Fünfzehnjährigen mit nach Hause brachte, legte dieser nach einer Ausbildung zum Kammerdiener eine geradezu hollywoodreife Karriere hin und galt bald aufgrund seines Geschicks im Umgang mit Geld wie mit den Obrigkeiten als der „größte Kapitalist im Lande“. Für Georg Wilhelm war der Italiener, der seiner dünnen Beine wegen nur Stechinelli (stecchino = Zahnstocher) genannt wurde, unter anderem als Hofagent und Einkäufer tätig, später avancierte er zum Generalpostmeister des Fürstentums Braunschweig-Lüneburg. Er wurde vom Kaiser in den Reichsadelsstand erhoben und bekam den Titel von Wickenburg. Sein Wappen mit dem berühmten Hut und den Initialien FCS ziert heute noch allerorts seine Besitztümer von Braunschweig bis Bremen. Nach seinem Tod 1694 wechselten die zumeist adligen Besitzer mehrfach, ab 1817 war das Anwesen über 150 Jahre lang im Familienbesitz derer von Osten. Während und nach dem Zweiten Weltkrieg diente es für Einquartierungen und stand schließlich zum Abriss frei.

Christian-Ludwig Graf von Hardenberg, Nachfahre einer der früheren Eigentümer, bewahrte das Haus vor der Abrissbirne – und wurde 1970 Gründer des Hotels. Heute besticht dieses nicht nur mit edlem Interieur, sondern auch mit einer alten Treppe, die ehemals in einem Celler Hotel stand sowie einem edlen Tapetenzimmer (s. Kap. 74).

Im Palio nebenan, benannt nach dem berühmten sienesischen Pferderennen, genießt man die „Cucina casalinga“. Besonders schön: im Sommer unter den Kastanien sitzen und die lauen Abende genießen! Im Winter wird im Foyer des Hotels mit seiner verspiegelten Decke sonntags ab 15:00 Uhr Afternoon Tea angeboten – inklusive Champagner, Scones, Clotted Cream, Sandwiches und dezenter Caféhaus-Musik. Stechinelli hätte seine Freude dran – schließlich kam zu seinen Lebzeiten hierzulande gerade erst das exklusive Teetrinken in Mode – wenn auch zunächst nur im Norden und allenfalls in adligen oder jedenfalls besser gestellten Kreisen. „Ein guter Mann, er ist mit niemandem schlecht. Stechinelli hat uns sehr lachen machen“, hörte man mal eine, möglicherweise gerade an einem Tee nippende Dame der Gesellschaft, seinerzeit über ihn sagen …

Standort und Navigation: Celle, Hannoversche Straße 55

Nachwort

An dieser Stelle bedanke ich mich sehr herzlich bei allen, die mir bei meinen Recherchen geholfen haben, besonders bei den MitarbeiterInnen der Archive, Museen, Bibliotheken, Kirchengemeinden, Firmen, Vereine, Institutionen, Organisationen sowie der regionalen Presse. Ich danke auch allen, die mir mit Tipps und Ratschlägen aushalfen, mit mir ihr Wissen geteilt und mir Artikel, Bücher, Zeitschriften, Emails, Akten und sonstige Unterlagen zur Verfügung gestellt haben. Und natürlich danke ich auch den LektorInnen, KorrektorInnen, GrafikerInnen, LayouterInnen und allen in welcher Form auch immer Involvierten im Schadinsky Verlag.
Für meine Beschreibungen habe ich viel recherchiert, in Archiven gewühlt, Geschriebenes, Gedrucktes und Internetseiten eingehend studiert sowie themen- und sachrelevante Informationen zu erwähnten Personen, Gegenden, Einrichtungen, Institutionen und Gegenständen einbezogen und mit eigenen Worten wiedergegeben. Ich habe mich nach bestem Wissen und Gewissen um eine richtige Darstellung bemüht und mir alles gründlich angesehen.
Sollten mir dennoch Fehler untergekommen sein, bitte ich um Post mit sachlichen Korrekturhinweisen per Mail: cosima@cos21.de.

Kennen Sie auch besondere Orte in Celle? Ich freue mich über alle Anregungen, Ratschläge, Vorschläge und Tipps! Schreiben Sie mir doch einfach!

Eine Gegend mit ihren Orten unterliegt ständig Veränderungen. Ich übernehme für „meine Orte“ daher keine Gewähr. Ich hoffe, dass Sie alles, was Sie sich anschauen möchten, wie beschrieben vorfinden mögen. Dennoch habe ich auf meiner Homepage eine Seite eingerichtet, auf der Sie über mir bekannte Veränderungen nachlesen können:
www.cos21.de/cos21-regionalia/aktuelles-zu-den-orten/

Cosima Bellersen Quirini, im Herbst 2016

Quellenverzeichnis

- 100 Jahre Kreissparkasse Celle 1864–1964, Festschrift zur Feier des hundertjährigen Bestehens der Kreissparkasse Celle, 2. Januar 1964, Celle 1964
- Alisch, Matthias: Das äolische Relief der mittleren Oberen Allerniederung (Ostniedersachsen) – spät- und postglaziale Morphogenese, Ausdehnung und Festlegung historischer Wehsande, Sandabgrabungen und Schutzaspekte, Kölner Geographische Arbeiten, Heft 62, Köln 1995
- Aye, Gisela, Kronenberg, Axel Chr.: Taufbecken und Taufengel in Niedersachsen, Vom Ende des Dreißgjährigen Krieges bis zur Mitte des 19. Jahrhunderts, Adiphora, Schriften zur Kunst und Kultur im Protestantismus, Regensburg 2006
- Babel, Andreas: Als in Celle noch in der Fuhse gebadet wurde und weitere 16 Geschichten, Alte Fotos erzählen IV, Hermannsburg 2016
- Babel, Andreas: Als in Celle Talamini noch Eis verkaufte und weitere 14 Geschichten, Alte Fotos erzählen III, Hermannsburg 2015
- Babel, Andreas: Als in Celle die Loks noch dampften und weitere 12 Geschichten, Alte Fotos erzählen II, Hermannsburg 2015
- Babel, Andreas: Als in Celle noch die Tram fuhr und weitere 16 Geschichten, Alte Fotos erzählen, Hermannsburg 2014
- Barenscheer, Friedrich: Taufengel in Niedersachsen, Celler Beiträge zur Landes- und Kulturgeschichte, Celle 1972
- Beck, Barbara: Die Welfen, Das Haus Hannover 1692 bis 1918, Wiesbaden 2014
- Bellersen Quirini, Cosima: 100 besondere Orte in Celle, Celle 2013
- Bellersen Quirini, Cosima: 100 besondere Orte im Cellerland, Celle 2014
- Boehn, Otto von: Tornielli, der Meister der Celler Stuckdecken, Sachsenspiegel, Blätter für Geschichts- und Heimatpflege, Nr. 2, 23. Februar 1938
- Bomann-Museum Celle, Abteilung Residenzmuseum im Celler Schloss (Hrsg.): Glanzlichter, fünf Meisterwerke aus der Silberkammer der Celler Residenz, Celle 2014
- Bomann-Museum Celle, Museum für Volkskunde, Landes- und Stadtgeschichte (Hrsg.): Museumsführer, Seelze 1989
- Bruns, Holger, Vauk, Gottried: Das Wildwasserreservat »Entenfang Boye« Celle, Geschichte, Entwicklung, Erfassung, Perspektiven, Jordsand Buch 4, Otterndorf 1984
- Busch, Ralf: Celle in alten Ansichten, Zaltbommel / NL, o. D.
- Cassel, Clemens: Festschrift zur Gedenkfeier des sechshundertjährigen Bestehens und der Grundsteinlegung des neuen Glockenturmes der Stadtkirche in Celle am 30. März 1913, Celle 1913
- Cassel, Clemens: Geschichte der Stadt Celle unter besonderer Berücksichtigung des Geistes- und Kulturlebens der Bewohner, erster Band, Celle 1930
- Cassel, Clemens: Geschichte der Stadt Celle unter besonderer Berücksichtigung des Geistes- und Kulturlebens der Bewohner, zweiter Band, Celle 1934

- Chioni, Guiseppe, Fiorentino, Giosuè: La fame e la memoria, riccettari dalla Grande Guerra, Cellelager 1917–1918, Trento, Italien 2008
- Credé, Benno: Geschichte und Stammtafel der Familie Credé seit ihrer Einwanderung in das Deutsche Reich nach Aufhebung des Edictes von Nantes am 22. October 1685, Dresden, 1899
- Credé Hoerder, Carl: Vom Corpsstudenten zum Sozialisten: der Roman eines Arztes, Dresden 1928
- Credé Hoerder, Carl: Gequälte Menschen, § 218, Berlin 1929
- Cuveland, Helga de: Der Taufengel, Hamburg 1991
- Der Spiegel Ausgabe 38/1949
- Dickie, John: Delizia! Die Italiener und ihre Küche. Geschichte einer Leidenschaft, Frankfurt 2008
- Dolle, Josef (Hrsg.): Niedersächsisches Klosterbuch, Verzeichnis der Klöster, Stifte, Kommenden und Beginenhäuser in Niedersachsen und Bremen von den Anfängen bis 1810, Teil I Abbingwehr bis Gandersheim, Veröffentlichungen des Instituts für historische Landesforschung der Universität Göttingen 56, Bde. 1–4, Bielefeld 2012
- Ehrgeiz, Luxus und Fortune. Hannovers Weg zu Englands Krone, Essays zur Ausstellung, Historisches Museum Hannover, Hannover 2001
- Ende Michael, Müller Peter: Celle – Mittelalterliche Herzogstadt am Heiderand, Hamburg 2000
- Ende Michael, Müller Peter: Celle – Stadt und Landkreis, Hamburg 2007
- Einen, Edith: Frauen im Mittelalter, München 1999
- Evangelisch-lutherische Stadtkirchengemeinde Sankt Marien Celle: Mittendrin – 700 Jahre Stadtkirche Sankt Marien Celle, das Bilderbuch, Celle 2010
- Evangelisch-lutherischer Kirchenkreis Celle, evangelisch-reformierte Gemeinde Celle, katholische Kirchengemeinde Sankt Ludwig: Kirche in Celle, Beiträge zur Kirchengeschichte, Celle 1992
- Fallada, Hans: Damals bei uns daheim, Erlebtes, Erfahrenes und Erfundenes, Berlin 2001
- Festschrift zum 275-jähr. Bestehen des Oberlandesgerichts Celle, Celle 1986
- Fischer, Gernot: Celler Baudenkmale, Celle 2000
- Flick, Andreas, Maehnert, Sabine, Rüsch Eckhart, Steiner Norbert: Die Westceller Vorstadt, Celles barocke Stadterweiterung, Geschichte und Bauten, Celle 2010
- Friedrich, Florian, Fischer, Peter: Celle entdecken und erleben – Das Lese-Erlebnis – Mitmachbuch für Kinder und Erwachsene, Bremen, 2012
- Friedrich, Florian: Celle Stadt und Land, Zeitsprünge, Erfurt 2005
- Friedrich, Florian: Celler Kulturlandschaften, Rundgänge durch die Geschichte, Erfurt 2006
- Friedrich, Florian: Leben in Celle, Erfurt 2009
- Friemuth, Carl: Die geraubte Kunst, Der dramatische Wettlauf um die Rettung der Kulturschätze nach dem Zweiten Weltkrieg (Entführung, Bergung und Restitution europäischen Kulturgutes 1939–1948), Braunschweig 1989

- Geckler, Christa: Beginen, Nonnen, Chanoinessen in Wienhausen, Celle 1980
- Geckler, Christa: Die Celler Herzöge, Leben und Wirken. Zeitgeschichte 1371–1705, Celle 1986
- Günter, Michael: Celler Stadtgeschichte in Dokumenten u. Bildern, Celle 1992
- Hälbig, Karsten (Hrsg. Stadt Celle): Das Kaiser-Panorama Filiale von Berlin in Celle von 1907–1930, Ein Beitrag zur 700-Jahr-Feier der Stadt Celle, Schriftenreihe des Bomann-Museums, Celler Beiträge zur Landes- und Kulturgeschichte Heft 21-1992, Celle 1992
- Helmke, Friedrich, Hohls, Heinrich: Der Speicher, Heimatbuch für den Landkreis Celle, Celle 1978
- Hemme, Dorothee, Näser, Torsten (Hrsg.): Kulturen. Das Jubiläumsheft, Göttingen 2014
- Hudemann, Heide, Hudemann-Schwarz, Christel, Waack, Hans Heinrich: Celle die alte Herzogstadt, Hamburg 1992
- Jensen, Jürgen (Hrsg.): Adolph Michaelis: Julie Michaelis, Familienerinnerungen, Ein Kieler Musenhof im Vormärz, Reprints zur Kieler Stadtgeschichte Band 4, Sonderveröffentlichung 21 der Gesellschaft für Kieler Stadtgeschichte, Kiel 1988
- Baedeker, Karl: Baedekers Celle, Stadtführer, Ostfildern-Kemnat und München 1995
- Klatt, Dietrich: Architekturmeile, Celle 2008
- Landkreis Celle und Sparkasse Celle (Hrsg.): Spuren & Zeichen, Menschen im Celler Land erzählen und berichten, das neue Heimatbuch, Celle 1991
- Lass, Heiko: Das Schloss in Celle, Burgen, Schlösser und Wehrbauten in Mitteleuropa Bd. 29, Regensburg 2012
- Löbert, Horst W.: Museumsdorf Hösseringen, Materialien zum Museumsbesuch Nr. 31, LWM 31, Giebelzierden, Pferdeköpfe, Giebelpfähle und Wetterfahnen am Beispiel der Lüneburger Heide, Hannover 1999
- Löbert, Horst W., Meiners, Jochen: Museumsdorf Hösseringen, Bomann-Museum Celle, Materialien zum Museumsbesuch Nr. 24, LWM 24, Albrecht Daniel Thaer, 1752–1828, Der Begründer der modernen Landwirtschaft, Uelzen und Celle 2003
- Lönsbund (Hrsg.): Celler Sagen, Celle 1934
- Loos, Heiko: Das Schloss in Celle, Regensburg 2012
- Meyer-Rasch, Carla: Alte Häuser erzählen, von Menschen und Schicksalen der Stadt Celle Bd. 1, Celle 1972
- Meyer-Rasch, Carla: Alte Häuser erzählen, von Menschen und Schicksalen der Stadt Celle Bd. 2, Celle 1962
- Meyer-Rasch, Carla: Alte Häuser erzählen, von Menschen und Schicksalen der Stadt Celle Bd.3, Celle 1974
- Meyer-Rasch, Carla: Celler Persönlichkeiten, Acht Lebensbilder, Celle 1976
- Meyer-Rasch, Carla: Kleine Chronik der Kalandgasse, Celle 1951
- Moeck, Hermann, Hütter, Roland: Wirtschaft in und um Celle, Historie und Gegenwart, Celle 1995

- Möller, RWLE, Polster, Bernd: Celle, das Stadtbuch, Bonn 2003
- Möller, RWLE: Celle-Lexikon, von Abbensen bis Zwische, Hildesheim 1987
- Möller, RWLE: Wo wir wohnen, Straßen in Celle, Celle 1995
- Moeller, Volker: Altencelle, Das ursprüngliche Celle in seiner tausendjährigen Geschichte, Celle, 1992
- Museumsverein Celle e.V. (Hrsg.): Celler Chronik 6, Beiträge zur Geschichte und Geografie der Stadt Celle und des Landkreises Celle, Celle 1994
- Museumsverein Celle e.V. (Hrsg.): Celler Chronik 10, Beiträge zur Geschichte und Geografie der Stadt Celle und des Landkreises Celle, Celle 2002
- Niedersächsisches Landesamt für Denkmalpflege (Hrsg.): 300 Jahre Oberlandesgericht Celle, die Restaurierung des Plenarsaales, Arbeitshefte zur Denkmalpflege in Niedersachsen 38, kleine Schriften zur Celler Stadtgeschichte 11, Celle 2011
- Pretzell, Lothar: Das Kunstgutlager Schloss Celle 1945–1958, Celle o.D.
- Residenzmuseum im Celler Schloss (Hrsg.): Die Celler Schlosskapelle, Kunstwelten, Politikwelten, Glaubenswelten, München 2012
- Ricklefs, Jürgen: Geschichte der Stadt Celle, Celle 1992
- Rohde, Eberhard: Sagen und Märchen aus dem Celler Land, Celle 1983
- Rohde, Reinhard, Wegener Tim: Celle im Nationalsozialismus, ein topografischer Überblick, Celle 2007
- Riege, Anne: Spurensuche in Celle – Stolpersteine, Gesellschaft für Christlich-jüdische Zusammenarbeit e V, Celle 2008
- Rüggeberg, Helmut: Geschichte der Stadt Celle im Rahmen der Niedersächsischen Landesgeschichte, Celle 2007
- Rüsch, Eckhart: Celler Innenhöfe, Ein verborgener Teil der Altstadt, Celle 2013
- Schneider, Rolf: Baukatastrophe in Celle, Das Technische Hilfswerk, Monatszeitschrift des THW, 12. Jahrgang, Nr. 10 – Oktober 1965, Koblenz
- Schoof, Friedrich Wilhelm: Das alte Kirchspiel Groß Hehlen, Bostel, Boye, Garßen, Hustedt, Klein Hehlen, Scheuen, Vorwerk-Wahrzeichen, Sitten und Bräuche, Geschichten, Anekdoten, Sagen und andere Begebenheiten, ein Lesebuch, Celle 1989
- Schwarzkopf, Margarte von: Der Traum vom Weltreich, Geschichte und Geschichten zur Personalunion Hannover-England 1714 – 1837, Springe 2014
- Simon, Robert, MacDowell, Susanne (Hrsg.): Kunstmuseum Celle mit Sammlung Robert Simon, Das erste 24-Stunden-Kunstmuseum der Welt, Celle 2006
- Stadt Celle und Niedersächsisches Landesamt für Denkmalpflege (Hrsg.): Das Alte Rathaus von Celle, Die Sanierung der barocken Fassadenmalerei, Celler Beiträge zur Landes- und Kulturgeschichte, Schriftenreihe des Stadtarchivs und des Bomann-Museums Celle, Bd 39, Arbeitshefte zur Denkmalpflege in Niedersachsen Heft 25, Celle/Hannover 2010
- Stadt Celle (Hrsg.): 700 Jahre junges Celle, Celle 1991
- Stadt Celle und Ortsrat Garßen (Hrsg.): Helmut Meine, Gersnethe, Garßen, Celle-Garßen, Ein Dorf mit Geschichte wird Stadtteil, Celle 2010

- Steinbömer, Justus: Celle, Alte Bilder erzählen, Erfurt 1997
- Stöber, Martin: Im Wald und auf der Heide, Ein jagdgeschichtlicher Exkursionsführer durch die Kulturlandschaft Lüneburger Heide, Husum 2006
- Streich, Brigitte, Maehnert, Sabine: Über den Dächern von Celle, historische Fotografien, Gudensberg-Gleichen 2001
- Tardito Amerio, Rosalba: Italienische Architekten, Stukkatoren und Bauhandwerker der Barockzeit in den welfischen Ländern und im Bistum Hildesheim, Göttingen 1959
- Vollmer, Hans (Hrsg.): Allgemeines Lexikon der bildenden Künstler, XX. Jahrhundert, sechster Band, Nachträge H bis Z, Leipzig 1999
- Wennemer, Robert: Dokumentation der barocken Gartenskulptur „Allegorie des Winters" der ehemaligen Schlossanlage in Celle / Niedersachsen, Prüfungsleistung Modul 5.1.1 Arbeit am Objekt, Hildesheim 2007
- Werner, H: Die geologische Entwicklung und der heutige Aufbau des Untergrundes im Landkreis Celle unter besonderer Berücksichtigung der Salz-, Erdöl- und Kieselgurstätten, o.O. 1929

In der Reihe sind bereits erschienen:

- 100 besondere Orte in Celle
- 100 besondere Orte im Cellerland
- 100 besondere Orte auf Langeoog

In der Reihe werden demnächst erscheinen:

- 100 besondere Orte im Hegau
- 100 besondere Persönlichkeiten in Celle

Fotohinweise

- Kapitel 2: Mathias Dannenberg, Celle
- Kapitel 4: Marianne Schwöbel, Celle
- Kapitel 23: Georg Tappe, Celle
- Kapitel 55: Peter Jeske, Münster
- Kapitel 57: Kalle Korfhage, Quakenbrück
- Kapitel 78: Jörg Grünhagen, Schlosstheater Celle
- Kapitel 91: Christoph Ricker, Altencelle
- Kapitel 99: Martina Berg@fotolia.com
- Kapitel 100: Fürstenhof Hotelgesellschaft mbH

Alle weiteren Fotos: Ulrich Loeper, Celle

Eine Gegend und ihre Orte unterliegen ständig Veränderungen. Ich übernehme für meine ausgewählten „Orte“ daher keine Gewähr. Ich hoffe, dass Sie alles, was Sie sich anschauen möchten, wie beschrieben vorfinden mögen. Auf meiner Homepage habe ich eine Seite eingerichtet, auf der Sie mir bekannte Veränderungen nachlesen können:
www.cos21.de/cos21-regionalia/aktuelles-zu-den-orten/

Für aktuelle Informationen zu den Orten scannen Sie bitte den QR-Code.

Zur Autorin

Cosima Bellersen Quirini, geboren in Freiburg/Breisgau, und in Singen, in der Nähe des Bodensees, aufgewachsen, lebt seit 1987 in Celle im Stadtteil Hehlentor, ist mit einem Mediziner verheiratet und mehrfache Mutter. Seit einigen Jahren arbeitet die ausgebildete Buchhändlerin und Mediatorin überwiegend als Autorin. Ihre Themen sind Celle und das Cellerland, weitere Regionen, Medizin, Geschichte, Kochen, Krimi, Liebe und Lyrik sowie alles rund um das Thema „Selber machen“ – von A wie Aprikosenölseife bis Z wie Ziegenkäse.

www.cos21.de

Zum Fotografen

Ulrich Loeper, geboren in Celle, verbrachte seine Kindheit im Neustädter Holz (AGFA Click), die Jugend am Billung (Praktika LTL), gewann geistigekulturelle Einblicke an der Uni Hamburg (Yashica FR I), erste professionelle Fotoschritte im Studio Hamburg (Contax RTS), Elternzeit mit zwei Kindern in Celle (Mamiya RB/RZ 67). Seit 1985 Fotograf für Museen und Sammlungen, Industrie und Werbung (Sinar/LEAF).

www.fotostudio-loeper.de